안양대HK+
동서교류문헌총서
16

야스이 솟켄의 변망(辨妄) 역주

안양대학교 신학연구소

안양대HK+ 동서교류문헌총서 16

야스이 솟켄의 변망(辨妄) 역주

초판인쇄 2025년 2월 26일
초판발행 2025년 2월 28일

지은이 야스이 솟켄(安井息軒)
번역 및 주해 최정섭

펴낸곳 동문연
등 록 제2017-000039호
전 화 02-705-1602
팩 스 02-705-1603
이메일 gimook@gmail.com
주 소 서울특별시 용산구 청파로 40, 1602호 (한강로3가, 삼구빌딩)

값 20,000 원 (* 파본은 바꾸어 드립니다.)

ISBN 979-11-990374-2-7 (94230)
ISBN 979-11-974166-0-6 (세트)

* 이 저서는 2019년 대한민국 교육부와 한국연구재단의 HK+사업의 지원을 받아 수행된 연구임
 (NRF-2019S1A6A3A03058791).

辨妄

야스이 솟켄의 변망 역주

야스이 솟켄(安井息軒) 지음
최정섭 번역 및 주해

동문연

발간에
즈음하여

안양대학교 신학연구소의 인문한국플러스(HK+) 사업단은 소외 · 보호 분야의 동서교류문헌 연구를 2019년 5월 1일부터 수행하고 있다. 다시 말하여 그동안 소외되었던 연구 분야인 동서교류문헌을 집중적으로 연구하면서, 동시에 연구자들의 개별 전공 영역을 뛰어넘어 문학 · 역사 · 철학 · 종교 · 언어를 아우르는 공동연구를 진행하고 있다. 서양 고대의 그리스어, 라틴어 문헌이 중세 시대에 시리아어, 중세 페르시아어, 아랍어 등으로 어떻게 번역되었고, 이 번역이 한자문화권으로 어떻게 수용되었는지를 추적 조사하고 있다.

또한 체계적으로 연구하기 위해서 동서교류문헌을 고대의 실크로드 시대(Sino Helenica), 중세의 몽골제국 시대(Pax Mongolica), 근대의 동아시아와 유럽(Sina Corea Europa)에서 활동한 예수회 전교 시대(Sinacopa Jesuitica)로 나누어서, 각각의 원천문헌으로 실크로드 여행기, 몽골제국 역사서, 명 · 청 시대 예수회 신부들의 저작과 번역들을 연구하고 있다. 이제 고전문헌학의 엄밀한 방법론에 기초하여 비판 정본을 확립하고 이를 바탕으로 번역 · 주해하는 등등의 연구 성과물을 순차적으로 그리고 지속적으로 총서로 출간하고자 한다.

본 사업단의 연구 성과물인 총서는 크게 세 가지 범위로 나누어 출간될

것이다. 첫째는 "동서교류문헌총서"이다. 동서교류문헌총서는 동서교류에 관련된 원전을 선정한 후 연구자들의 공동강독회와 콜로키엄 등의 발표를 거친 다음 번역하고 주해한다. 그 과정에서 선정된 원전 및 사본들의 차이점을 비교 혹은 교감하고 지금까지의 연구에 있어서 잘못 이해된 것을 바로 잡으면서 번역 작업을 진행하여 비판 정본과 번역본을 확립한다. 그런 다음 최종적으로 그 연구 성과물을 원문 대역 역주본으로 출간하는 것이다.

둘째는 "동서교류문헌언어총서"이다. 안양대 인문한국플러스 사업단은 1년에 두 차례 여름과 겨울 동안 소수언어학당을 집중적으로 운영하고 있다. 이 소수언어학당에서는 고대 서양 언어로 헬라어와 라틴어, 중동아시아 언어로 시리아어와 페르시아어, 코카서스 언어로 아르메니아어와 아제르바이잔어와 조지아어, 중앙아시아 및 동아시아 언어로 차가타이어와 만주어와 몽골어를 강의하고 있는데, 이러한 소수 언어 가운데 우리나라에 문법이나 강독본이 제대로 소개되어 있지 않은 언어들의 경우에는 강의하고 강독한 내용을 중점 정리하여 동서교류문헌언어총서로 출간할 것이다.

셋째는 "동서교류문헌연구총서"이다. 동서교류문헌연구총서는 동서교류문헌을 번역 및 주해하여 원문 역주본으로 출간하는 과정과 우리나라에 잘 소개되지 않는 소수 언어의 문법 체계나 배경 문화를 소개하는 과정에서 깊이 연구된 개별 저술들이나 논문들을 엮어 출간하려는 것이다. 이 본연의 연구 성과물을 통해서 동서교류의 과거·현재·미래를 가늠해 볼 수 있고 궁극적으로 '그들'과 '우리'를 상호 교차적으로 비교해 볼 수 있을 것이다.

안양대학교 신학연구소 인문한국플러스 사업단장

곽효석

차 | 례

역주자
서문

    이 책의 번역은 오래전 학부생으로서 대학원 입시 공부를 겸하여 지곡
서당(芝谷書堂) 출신의 학과 선배를 모시고 고문(古文)을 공부할 때 교재로 삼
았고, 그 후로도 사서(四書: 대학·논어·맹자·중용)의 원문과 중요한 주석을 확인
하기 위해 가까운 곳에 두었던 책의 저자/편찬자를 전혀 뜻밖의 계기를 통
해 새로 만나는 일이었다. 20세기 초 일본에서 발행된 한문 고전 총서인
『한문대계(漢文大系)』는 중국학이나 동양학을 공부하는 사람이라면 누구에게
나 친숙한 것이며, 그중에서도 제1책은 사서의 본문과 중요한 주석을 담은
텍스트로서 가장 흔히 곁에 두는 것들 중 하나이다. 그러면서도 그것이 에
도 시대 말기와 메이지 시대 초기를 살았던 일본인 학자가 편찬한 것이며,
그 텍스트에는 한문 혹은 고전 중국어로 된 본문과 주석 외에도 한자와 가
타카나가 혼용된 백여 년 전의 일본어도 담겨 있다는 사실, 일본식 한문 훈
독을 위한 각종 부호가 가득 적혀 있다는 사실에 대해 역자는 의식적이든
무의식적이든 주목하지 않았다. 이런 요소들은 한국인이 그 텍스트에 담긴
사서의 본문과 주석을 이해하는 데에 전혀 중요하지 않기 때문이다. 동시에
그 책의 저자/편찬자인 안정형(安井衡)이라는 일본인에 대해서도 그가 누구
인지 궁금하지 않으니 그 이름을 굳이 '야스이 고'라고 읽어주어야 할 필요
는 더더욱 없었다.

이렇게 긴 세월 동안 가까운 곳에 두고 수시로 필요한 부분을 찾아 읽으면서도 관심을 두지 않았던 그 저자/편찬자를 새로 만나게 해 준 것이 이 책 『변망』이다. 중어중문학을 전공한 사람으로서 서양과 일본의 중국학이 역사적으로 어떻게 진행되어 왔는지를 살피고 그것을 우리 중국학의 자양분으로 삼는 것이 당연하다는 생각으로 그에 관련된 공부도 하고 미국 학자의 연구서를 번역하기도 했지만, 예상과 달리 중어중문학 동료 연구자들은 별다른 관심을 두지 않아 상심하던 차에, 그리스도교의 동아시아 선교와 그에 따른 동서문명의 교류를 연구하는 분들과 함께 공부할 기회가 생겼다. 16세기이래 중국에서 선교활동을 펼친 예수회 선교사들이 한문으로 저술한 그리스도교 서적을 함께 읽는 동안, 일본의 반그리스도교 문헌으로서 『변망』이라는 책이 있다는 것을 알게 되어 수차례에 걸쳐 나누어 번역할 기회를 가졌다. 이 책의 존재를 알게 된 구체적인 경위는 더 이상 기억에 없지만, 우연히 소개한 역자보다도 함께 공부하던 선생님들이 많은 관심을 가져주셔서 자의 반 타의 반으로 번역을 시작하게 된 것이다. 그럼에도 역자 자신이 그리스도교에 대해 깊은 이해가 없다는 것을 잘 알고 있기에, 번역을 출판으로 연결시키는 데에는 주저하지 않을 수 없었다. 초벌 번역에서 출판까지 꼬박 7년이 걸린 것은 이 때문이다.

16세기 중엽 예수회가 전 세계를 대상으로 선교하기 시작했을 때, 동아시아에서는 일본이 가장 먼저 그 대상이 되었다. 당시 일본에서 선교하던 프란치스코 하비에르는 아시아에서의 위상으로 보아 일본 선교보다 중국 선교가 우선되어야 한다는 것을 깨닫고 중국 진출을 모색했으나 본인은 중국 본토 선교를 시작하지 못한 채 생을 마감했다. 그 후 일본과 중국에서 거의 동시적으로 활발히 선교활동이 진행되었으나, 중국과 달리 일본에서는 약 백 년이 못 되어 그리스도교는 탄압을 받고 거의 자취를 감추었다. 그 결과로, 18세기에 활동했던 오규 소라이(荻生徂徠) 같은 학자는 그리스도교를 소개하는 문헌을 접하기 어려웠기에, 그리스도교를 비판하고 싶어도 할 수가 없을 지경이었다. 그로부터 다시 시간이 지나서 19세기 중엽 미국의 페리 제독에 의해 강제로 일본이 개항된 후 서양 열강의 정치세력과 함께 그리스도교가 되돌아와 활발히 선교활동을 벌이자, 위기를 느낀 일본의 사상계 역시 활발한 반그리스도교 활동을 벌이게 된다. 이 책 『변망』은 그러한 흐름 속에서, 일본에서 공식적으로 그리스도교 금지가 철폐된 해인 1873년에 지어져 많은 환영을 받았다. 동시에 그 의도와 달리 그리스도교계에서도 주목을 끌고 심지어 영어와 독일어로 번역되기까지 했다. 이는 당시 일본의 지성계에서 큰 학문적 명망을 누리던 야스이 솟켄이 중국에서 전해져온 한문성서를 직접 읽고 그 내용을 인용해 가면서 그 부당함을 반박하려 했다는 점에서 기존의 반그리스도교론들보다 높은 수준을 보여주었기 때문이다.

한편 『변망』은 그리스도교를 공화주의/민주주의와 한 몸인 것으로 파악하고 있다. 야스이 솟켄 같은 전통적인 지식인을 분노케 하는 것은 그저 보통 사람의 상식을 벗어나는 성서 속 이야기들만이 아니라, 군주정이 아닌 공화주의/민주주의를 그리스도교가 전파한다는 것이기도 했다. 이런 점에서 『변망』은 반그리스도교론에 기댄 반공화주의론/반민주주의론이라고 할 수도 있겠다. 이런 측면을 더 자세히 규명하기 위해서는 이 책의 마지막에 실린 「공화정을 논하여 모생에게 주는 편지」의 수신인인 나카무라 마사나오의 사상에 대한 분석이 필요하지만, 그 작업은 이 역서의 범위를 넘어서기에 앞으로 별도의 연구를 진행하기로 하였다.

장로회신학대학교 영성관 3층에서 시작된 작업이 부족하나마 마무리된 데에는 여러 선생님의 도움이 필수적이었다. 역자에게 번역을 권하시고 강독에 함께 해 주신 김석주 선생님, 서원모 선생님, 김창선 선생님, 송강호 선생님, 조미원 선생님, 김현우 선생님, 곽문석 선생님, 최정연 선생님, 이예림 선생님이 번역문에 대해 조언해 주셨다. 완벽하지 않을 수도 있겠지만

성서의 인용 구절들을 거의 다 찾을 수 있었던 것은 신학 연구자이신 이런 선생님들 덕분이었다. 또 안양대HK+ 사업단 단장이신 곽문석 선생님의 꾸준한 재촉 덕분에 역자도 게으름과 소심함을 이겨낼 수 있었다. 그리하여 그간 안양대HK+ 동서교류문헌총서 및 동서교류문헌연구총서 몇 권에 공동 저역자로서만 참여하다가 단독 역자로서는 처음 성과물을 내어놓는다. 여전히 미진하기 짝이 없어 손에서 놓기 저어되지만 더 이상 지체하는 것도 바람직하지는 않기에, 읽으시는 분들의 지적을 달게 받으려 생각하면서 작업을 마무리한다.

2024년 12월
최정섭

일러두기

1 본 역주의 저본은 일본 와세다대학 도서관 고전적총합데이터베이스에 소장된 『辨妄』이다.(https://archive.wul.waseda.ac.jp/kosho/bunko11/bunko11_a1521/) 기타 번역에 참고한 판본들은 「해제」를 참고하라.

2 『변망』 원문의 표점(標點)과 문단 구분은 여러 판본을 참고하여 역자가 재구성하였다.

3 '성경'과 '성서'는 일관성을 위하여 '성서'로 통일하였다.

4 성서에 나타난 인명과 지명 등 고유명사는 개역개정판 한글 성서를 기준으로 했으나, '이집트'와 '파라오'의 경우는 예외로 하였다.

5 인용된 성서 원문은 브리지먼과 컬버트슨이 번역한 『구약전서(舊約全書)』(1865, 蘇松上海美華書館藏板)와 『신약전서(新約全書)』(1864, 蘇松上海美華書館藏板)를 기준으로 하여 각주에 표시하였다. 표점도 그에 따른 것이다.

6 인용된 성서의 우리말 번역은 원서의 한문을 기준으로 하였고, 특정한 우리말 성서를 기준으로 하지 않았다.

제1부

———————

작품 해제

야스이 솟켄의 변망(辨妄)

1. 들어가며

근대 일본에서는 막부 말기부터 서양과의 통상이 재개됨에 따라, 쇄국 정책과 함께 행해지던 그리스도교 금지 정책에도 변화가 찾아왔다. 소위 기리시탄 시대 이후 200여 년간 지속되던 그리스도교에 대한 탄압이 완화되고 그 선교가 허용되었다.[1] 이에 따라 천주교와 개신교, 러시아 정교회의 선교도 다시 본격화되었다. 이런 상황 변화 가운데에서 불교계와 신도계(神道界)뿐만 아니라, 유교를 중심으로 한 전통적 지식인들 가운데에서도 반그리스도교론이 전개되었다. 이중 야스이 솟켄의 『변망(辨妄)』은 그 저자가 당시 가장 저명하고 신망 있던 유학자의 한 사람이라는 점에서 관심을 끈다. 『변망』에서 전개된 야스이 솟켄의 의론은 단순히 '그리스도교 대 유교'라는 구도에서만이 아니라, 19세기 말 동아시아의 지식 구조가 서양에 대해 어떤 반응을 보였는지 살펴볼 수 있는 계기이기도 하다는 점에서 의미 있다. 야스이 솟켄은 도쿠가와 일본의 관학이었던 주자학을 신봉하지 않았고, 일본 독자의 유학 전통이라 할 고학(古學)―오규 소라이(荻生徂徠)의 고문사학(古文辭學)과 이토 진사이(伊藤仁齋)의 고의학(古義學) 등―과 청대 중국의 고증학(考證學)으로부터 영향을 받아 자신의 유교관을 형성했다. 오늘날의 학자로부터 고주학(古註學)이라 불리는 입장을 가진 야스이 솟켄이 그리스도교에

---

1 1873년에 그리스도교를 금지하는 고사쓰(高札)가 폐지되었다.

대해 행한 비판은 동아시아적 지식 전통이 근대적 지식체계로 전환하는 과정의 한 단면을 보여준다는 점에서도 흥미롭다고 하겠다.

2. 저자에 대하여

저자 야스이 솟켄의 이름은 고(衡)이고, 자(字)는 쥬헤이(仲平)이다. 처음에 호를 기요타키(淸瀧)라고 하고, 후에 솟켄(足軒)또는 솟켄(息軒)이라고 하였다. 별호(別號)는 한큐친진(半九陳人)·기신시(葵心子)라고도 한다. 간세이(寬政) 11년(1799) 원단(元旦), 부친 야스이 소슈(安井滄州)의 차남으로 니치난(日南)의 기요타키(淸瀧)에서 태어났다.

야스이 솟켄은 어릴 때부터 부친의 가르침을 받았고, 21세 때 오사카의 정주학자(程朱學者) 시노자키 쇼치쿠(篠崎小竹)의 숙(塾)에 들어가 가난한 생활을 견디며 면학에 힘썼다. 쇼치쿠의 장서를 독파하고, 3년 후 에도에 나와 쇼헤이코(昌平黌)의 유관(儒官)이었던 고가 도안(古賀侗庵)의 문하에 들어갔다. 고가 도안의 추천으로 쇼헤이코에 입학하여 3년간 수학한 후, 에도의 고주학자 마쓰자키 고도(松崎慊堂)의 숙(塾)에 들어가 고주학을 전수(專修)하였다. 야스이 솟켄의 고주학은 부친의 가르침에서 시작해 마쓰자키 고도에 의해 성숙하였다. 숙에서 나온 후에는 오비번(飫肥藩) 다이묘의 시독(侍讀)이 되고, 이윽고 번교(藩校)의 조교(助敎)에 임명되었다. 그때 명을 받고 규슈(九州)를 순시하고, 『식헌관풍초(息軒觀風抄)』한 권을 지어 이것을 그 번 다이묘에게 바쳤다. 이것을 본 번의 다이묘는 그 재주에 경복(敬服)하고 야스이 솟켄을 중용하려고 하였지만, 권력자들에게 막혔기 때문에, 솟켄은 사직하고 다시 쇼헤이자카에 들어가서 연구하다가, 조조지(增上寺)에 들어가 거기 있던 장서를 독파하고 경술에 잠심(潛心)하며, 성현의 출처진퇴의

뜻을 탐구하고 예악형정(禮樂刑政)과 고금연혁(古今沿革)을 공부했다. 덴포(天保) 12년(1841) 43세때 산케이쥬쿠를 열어 자제에게 교수하자 사방의 준영(俊英)이 그 문하에 모여들었다.

가에이(嘉永) 6년(1853) 미국 사절 페리가 내항하여 통상을 요구하자 일본은 소란해졌는데, 다이묘들도 모두 방비에 전념했으며, 솟켄도 『해방사의(海防私議)』한 권을 지어 대포와 함선의 주조, 보루 구축의 긴요함을 서술하고 국방을 절실히 논하였다. 미토번(水戶藩)의 열공(烈公)[2]은 이것을 듣고 감격하여 후지타 도코(藤田東湖)를 보내어 솟켄에게 시무(時務)를 물었다. 그것에 대하여 솟켄은 『논어』의 "足食足兵, 民信之矣"라는 여덟 자를 손으로 써서 선물했다. 64세 때인 분큐(文久) 2년(1862)에 쇼헤이코(昌平黌)의 유관(儒官)으로 초빙되었다. 간세이(寬政) 이학(異學)의 금(禁)이래, 정주(程朱) 이외의 것을 이학으로써 금지해 온 막부가 고학(古學)을 숭상하는 솟켄을 유관에 기용한 것은 이례적인데, 이로써 당시 솟켄의 명망이 얼마나 높았는지를 상상할 수 있다. 메이지 9년(1876) 9월 23일 향년 78세로 사망했다.

그의 저서로서 경서자사(經書子史)에 관한 것으로서는 『서설적요(書說摘要)』, 『모시집소(毛詩輯疏)』, 『주례보소(周禮補疏)』, 『논어집설(論語集說)』, 『대학설(大學說)』, 『대학고(大學考)』(수고본), 『중용설(中庸說)』, 『맹자정본(孟子定本)』, 『관자찬고(管子纂詁)』, 『관자찬고보정(管子纂詁補正)』, 『좌전집석(左傳輯釋)』, 『전국책보정(戰國策補正)』이 있다. 해방(海防)에 관한 것으로서는 『해방사의(海防私議)』, 『정해문답(靖海問答)』, 『요이문답(料夷問答)』, 『외구문답(外寇問答)』이 있고, 문집류로는 『식헌문초(息軒文鈔)』, 『식헌유고(息軒遺稿)』, 『식헌유문집(息軒遺文集)』, 『식헌유문집속편(息軒遺文集續編)』이 있다. 그밖에 『식헌관풍초(息軒觀風抄)』, 『구급혹문(急救或問)』, 『군정혹문(軍政或問)』, 『상명산공서(上明山公書)』, 『인초(忍草)』, 『북잠일초(北潛日抄)』, 『독서여적(讀書餘適)』, 『수여만

---

2 도쿠가와 나리아키(德川斉昭).

고(睡餘漫稿)』, 『동유일승(東遊日乘)』, 『고구과방록(故舊過訪錄)』, 『유종급문록
(遊從及門錄)』이 있다.[3]

3. 『변망』이라는 책과 그리스도교 비판

1) 『변망(辨妄)』[4]의 판본

처음에 『변망』의 본론 1~5는 메이지 6년(1873) 『교의신문(敎義新聞)』에 5
회에 걸쳐 연재되었다. 그 후 이것들을 묶은 단행본이 같은 해에 처음 간
행되었다.[5] 같은 해에 제자인 안도 죠(安藤定)에 의해 일본식 훈독문(訓讀文)
으로 변형된 『변망화해(辨妄和解)』가 간행되었다.[6] 그리고 8년 후인 메이지
14년(1881)에 역시 제자인 마쓰모토 도요타(松本豐多)에 의해 교주본이 발행
되었다.[7] 번역본으로는 영국 공사관원인 존 해링턴 거빈스(John Harrington

---

3 高賀勝次郎, 「安井息軒の生涯-安井息軒研究(二)-」, 『早稻田社會科學總合研究』第8卷 第2
號(2007年 12月) 참고. 金培懿, 「江戸寛政年間以降學術態勢與安井息軒之學風」, 『國際儒
學研究』第五輯, 1998에는 그의 저작이 연대별로 자세히 정리되어 있다.

4 책의 이름인 '辨妄'은 판본에 따라 '辯妄'으로 표기되기도 한다. 본고에서는 기본적으로 '辨妄'으
로 표기하기로 한다.

5 이 판본은 일본 와세다대학도서관 고전적총합데이터베이스(https://www.wul.waseda.ac.jp/
kotenseki/html/bunko11/bunko11_a1521)와 일본 국립국회도서관 디지털콜렉션(https://
dl.ndl.go.jp/pid/899764)에 있는 것인데, 낙관을 제외하면 동일한 판본이다.

6 安井息軒 原著·安藤定 解, 『辨妄和解』, 明治6年. 히로시마대학도서관 교과서컬렉션 화상데
이터베이스(https://dc.lib.hiroshima-u.ac.jp/text/metadata/532) 및 國文學研究資料館
(http://base1.nijl.ac.jp/iview/Frame.jsp?DB_ID=G0003917KTM&C_CODE=0099-000604)
소장. 이후 明治文化研究會 編, 『明治文化全集 第23卷 思想篇』, 東京: 日本評論社, 昭和42
年 제2판에도 수록되었다.

7 島津久光公 題序·安井仲平 著·門人松本豐多 校註, 『標註辯妄』, 明治十四年 第七月 新鐫
文海堂藏版. 마쓰모토 도요타는 『漢文大系』第1권을 구성하는 야스이 솟켄의 「大學說」, 「中
庸說」, 「論語集說」, 「大學定本」이 저자 사후에 간행되면서 교정을 거치지 않아 잘못이 많다는
점을 지적하는 『漢文大系四書辨妄』(1910)을 지었는데, 여기서 '辨妄'이라는 이름을 계승하였

Gubbins)에 의한 영역본("Bemmo" or "An exposition of Error"; being a treatise directed against Christianity, printed at "Japan Mail" office, Yokohama, 1875), 그리고 독일어 번역본("Bemmo" oder des Irrtums Darlegung, Leipzig, 1876)이 있다.[8] 20세기에 들어와서는 『일본유림총서(日本儒林叢書)』 제4책(1929)에도 수록되었고, 1978년에는 오카다 다케히코(岡田武彦)에 의한 교주본이 간행되었다.[9] 또 히키타 게이유(疋田啓佑)에 의한 현대 일본어 번역과 해설도 있다.[10] 본고의 고찰은 메이지 6년에 간행된 단행본을 기본 텍스트로 삼았다.

2) 기존의 반(反)그리스도교론과의 차별성과 한역성서(漢譯聖書)

일본에서는 1549년, 예수회의 공동창립자이자 선교사인 프란치스코 하비에르가 가고시마에 도착한 이래 약 백 년간 소위 '기리시탄의 시대'라 불리는 활발한 선교와 교세 확장의 시기가 있었다. 이 시기에 일본 그리스도교계에는 예수회의 동인도 지역 순찰사 알레산드로 발리냐노(Alessandro Valignano)의 『일본교리문답(日本のカテキズモ, Catechismus Christianae fidei, in quo veritas nostrae religionis ostenditur, & sectae Japonenses confutantur)(1586), 포르투갈에서 만들어진 교리서를 일본어와 라틴어로 소개한 『도치리나키리시탄(どちりなきりしたん)』[11]과 후칸사이 하비안(不干斎ハビアン)의 『묘정문답(妙貞問答)』(1605) 등으로 대표되는 그리스도교 서적이 만들어지고 유포되었다.

다. http://dl.ndl.go.jp/info:ndljp/pid/754132

8 古賀勝次郎, 「安井息軒の著作(下)-安井息軒研究(五)-」, 『早稻田社會科學總合研究』 10:1(2009.7.), 15쪽.

9 安井息軒 原著·岡田武彦 校註, 『辨妄』(『日本思想大系47 近世後期儒家集』 東京: 岩波書店, 1978 所收).

10 疋田啓佑, 「安井息軒『辨妄』-解說および譯註」, 『都城工業高等專門學校研究報告』第5號, 昭和46年3月(1971년3월).

11 로마자와 일본어로 된 네 가지 판본이 있다.

이에 대해 그리스도교를 반박하는 서적들도 만들어졌다. 하비안이 배교한 후 저술한 『파제우자(破提宇子)』(1620)와 배교한 선교사 사와노 츄안(澤野忠庵, Cristóvão Ferreira)이 지은 『현위록(顯偽錄)』(1636) 등이 초기 반그리스도교론을 대표하고, 이후 18세기에는 미우라 바이엔(三浦梅園)의 『오월우초(五月雨抄)』(1785) 등의 작품이 드물게 있다가, 19세기 중반 일본의 개항(開港) 이후 다시 그리스도교가 전파되기 시작하자 반그리스도교론도 활발해진다. 기유도진(杞憂道人)의 『벽사관견록(闢邪管見錄)』(1861)과 미토번주(水戶藩主) 도쿠가와 나리아키(德川齊昭)의 명(命)으로 편찬된 『식거편(息距編)』(1860) 같은 선집들은 16-17세기 이후 주요한 반그리스도교론을 모아 놓았다. 이런 흐름 속에서 1873년에 그리스도교 금지의 고사쓰(高札)가 철폐되기에 이르자 야스이 솟켄도 『변망』을 내어놓았다. 『변망』이 그 이전의 다른 반그리스도교론과 다른 것은 그것이 성서를 직접 읽은 후에 성서 본문의 구절들을 인용하면서 비판했다는 점이다. 이로 인해 그리스도교의 주장에 대한 이해가 기존의 반그리스도교론보다 더 정확할 수 있었고, 출간 직후에 영어로, 다시 독일어로 번역된 것도 그 수준을 높이 샀기 때문이다. 이때 일본어역 성서는 아직 존재하지 않기에 그가 읽은 것은 일본에 전해져 있던 한역성서임이 분명하다. 천주교의 중국 선교 이후로도 오랫동안 전체가 번역되지 않았던 성서는 19세기 들어 개신교 선교사들에 의해 중국어로 번역되기 시작했다. 조슈아 마슈맨(Joshua Marshman)[12]과 로버트 모리슨(Robert Morrison)에 의해 거의 동시에 등장하기 시작한 후 개신교 한역 성서들은 번역 주체와 문체, 방언 등에 따라 여러 종류로 나뉘는데, 야스이 솟켄이 읽은 한역성서는 일라이저 콜먼 브리지먼(Elijah Coleman Bridgman)과 마이클 심슨 컬버트슨(Michael Simpson Culburtson)이 번역한 『구약전서(舊約全書)』와 『신약전서(新約全書)』일 가능성

---

12 마슈맨의 성서번역에 관해서는 황예렘, 「인도에서 이루어진 한문 성서의 번역·출판 배경과 경위」, 『성경원문연구』38, 2016, pp.159-186 참조.

이 가장 크다. 이는 『변망』에서는 두 가지 역어(譯語)-神과 大淵-의 용례를 통해서도 확인할 수 있다. 먼저, 『변망』 본문 속에서 'God'의 번역어로서 천주(天主), 상제(上帝), 신(神)이 모두 사용되고 있지만, 성서 본문의 인용 부분에서는 모두 신(神)이 사용된다. 천주(天主)는 훨씬 전부터 중국에서 만들어진 한문서학서(漢文西學書)에서 흔히 볼 수 있는 표현이라는 점에서 특정 성서와의 관계를 논하기 어렵고, 상제(上帝)는 그 출처가 불분명한 구절과 관련하여 『변망』 전체에서 딱 한 번 등장할 뿐이다. 브리지먼 등 미국 측 선교사들은 'God'의 번역어로 '상제(上帝)' 아닌 '신(神)'을 고수했다. 아울러 「창세기」 7:11의 '큰 깊음의 샘'[13]에 해당하는 번역어로서 '대연(大淵)'이라는 번역어가 사용되고 있는 것이 확인된다.[14] 이는 중국에서 선교단체들의 대표들이 모여서 만든 대표자 역본(Delegates' Version, 신약 1852 구약 1854)에서는 '대연(大淵)'이 아닌 '거연(巨淵)'이 사용되고 있는 것과 다르다. 또한 헵번이 번역한 일본어역 성서도 브리지먼 역본의 영향을 많이 받았다는 점에서 당시 일본에서 브리지먼 역본이 많이 유통되었음을 짐작할 수 있다. 야스이 솟켄은 자신의 저서 『관자찬고(管子纂詁)』와 『좌전집석(左傳輯釋)』에 상해도대(上海道台) 응보시(應寶時)의 서문을 얻어 싣고 있는데, 이는 일본과 상해를 오가던 지인과 제자들을[15] 통해 가능한 일이었고, 브리지먼과 컬버트슨의 한역성서도 상해에서 발행된 것이었다.

---

13 개역개정판 성서에 근거한 표현이다.

14 '큰 깊음의 샘' 전체에 해당하는 표현은 '大淵之源'이다. "大淵之源潰, 天破其隙(큰 깊음의 샘들이 터지며 하늘의 창문들이 열려)." 대표자역본에서는 같은 구절이 "巨淵出其泉, 穹蒼破其隙"으로 되어 있다.

15 『管子纂詁』의 서문은 나카무라 마사나오(中村正直)를, 『左傳輯釋』의 서문은 제자였던 외교관 야나기와라 사키미쓰(柳原前光)를 통한 것이다.

3) 『변망』의 구성과 논지

단행본으로 간행된 『변망』은 본론인 「변망」 1~5, 「귀신론(鬼神論)」[16], 「공화정을 논하여 모생에게 주는 편지(與某生論共和政事書)」[17]로 이루어져 있다. 그 각각의 논지는 다음과 같다.

「변망」 1은 구약성서 「창세기」와 「출애굽기」에 나타난 그리스도교의 불합리성과 비윤리성에 대한 비판이다.

「변망」 2는 그리스도교의 불충(不忠)과 불효(不孝)에 대한 비판이다.

「변망」 3은 예수 그리스도의 대속(代贖)과 부활에 대한 비판이다.

「변망」 4는 그리스도교의 배타성과 일본 고유 풍습과의 불화에 대한 비판이다.

「변망」 5는 자연과학에 기반한 그리스도교 비판이다.

「귀신론」은 정(情)에 기반하여 펼친 귀신론이다.

「공화정을 논하여 모생에게 주는 편지」는 그리스도교의 전파와 행보를 같이 하던 당시 일본의 공화정론자들에 대한 비판이다.

아래에서 각 부분의 논지를 인용문과 함께 더 구체적으로 살펴보기로 한다.

(1) 구약성서 「창세기」와 「출애굽기」에 나타난 그리스도교의 불합리성과 비윤리성에 대한 비판

먼저 「변망」 1은 다음과 같이 시작되는데, 『변망』이 가진 시각의 요약이

---

16 「鬼神論」은 본래 上下 두 편으로 이루어져 있고, 『辨妄』에 함께 수록된 것은 상편이다. 저자의 문집인 『息軒遺稿』에 上下 두 편이 모두 실려 있다.

17 이 글 역시 『息軒遺稿』에 실려 있다.

라고 할 수 있다.

반구자[18]는 이미 늙어 한가하고 여유롭다. 서양서를 집어 읽었는데, 다 읽고 나서는 책을 집어던지고 이렇게 탄식했다. "심하도다, 서양서의 상도(常道)에 어긋나고 터무니없는 거짓임이." 그 말은 천박하여 본디 따져 볼 만한 것도 없다. 그러나 어리석은 민중으로서 그 말에 미혹된 자는 죽어도 변하려 하지 않으니 이는 난(亂)의 근본이다. 지금 그 해(害)가 점차 우리에게까지 미치니 또한 따지지 않을 수가 없다. 이에 그 말에 근거하여 조목조목 조리를 따져 밝힌다.

「변망」 1은 야스이 솟켄이 읽은 이 한역 구약성서를 바탕으로 「창세기」와 「출애굽기」를 비판한다. 조물주에 의한 아담과 하와의 창조와 금단의 과일, 노아의 홍수, 그리고 요셉과 모세 등 이집트의 이스라엘인들을 둘러싼 이야기들의 불합리성과 비윤리성이 비판된다. 먼저 인류의 창조와 금단의 과일에 대해서 이렇게 비판한다.

그 책에서 이렇게 말하였다. 여호와라는 신(神)이 있는데, 천지보다 먼저 생겼다. 이 신이 천지일월성신(天地日月星辰)과 천지간의 모든 군물(群物)을 만들었는데, 엿새에 완성한 다음 일곱째 날을 안식일로 삼았다. 또 흙먼지를 모아 자신의 모습대로 사람을 만들고 그 이름을 아담이라 하였다. 그런 다음 또 "사람이 혼자 있는 것은 좋지 못하다"고 말하고, 아담이 한창 잠든 틈을 타 갈비뼈를 하나 꺼내고 살로 채워서는 그 아내로 삼고 이름을 하와라고 하였다. 이들이 천지만물의 주인이 되었다. 하와가 뱀에게 유혹되어 금지된 과일을 먹자 임신의 고통으로써 부녀자를 벌하고

---

18 야스이 솟켄의 별호이다.

자식을 낳는 괴로움까지 다시 더하였다.

솟켄은 노아의 홍수에 관한 설화에 대해서도 다음과 같이 비판한다.

아담으로부터 노아까지 10세대 약 2,000년이었다. 여호와는 세상 사람들
의 죄악이 가득한 것을 보고서 자신이 그들을 만든 것을 후회하였다. 날
짐승, 들짐승, 길짐승, 발 없는 짐승들과 함께 그들을 모두 없애려 하였
으나, 노아가 자기를 믿는 것만은 좋아했기에 그에게 미리 명하여 300척
(尺)짜리 큰 배를 만들어 그 처자 및 생물의 암수 각 하나씩을 이끌고 배
에 오르도록 하였다. 하늘(天)에서 대연(大淵)의 틈새가 부서지자 큰비가
40일간 주야로 내려, 물이 천하의 고산(高山)보다 15척이나 높았고, 땅에
물이 넘쳐나기 150일 만에 온 땅의 생물이 모두 절멸되었다. 물이 물러나
고 난 후에 노아의 세 아들로 하여금 천하에 흩어져 살도록 허락하였다.
심하도다, 여호와의 포악함이. 비록 세상 사람들이 죄악으로 가득하다
해도 그들 모두가 걸(傑)임금이나 도척(盜跖)은 아닐 것이고, 그중에는
반드시 조금 선한 자도 있을 것이다. 지금 그들을 올바른 도로써 이끌지
도 않고 또 그 죄의 경중과 대소를 나누지도 않고, 뜻밖에 갑자기 대연(大
淵)의 틈새를 부수어 그들을 모두 익사시키고, 금수까지 그렇게 하였다.
오로지 노아만을 사랑하여 그로 하여금 미리 배를 만들어 그 재난을 면케
하였다. 마음씀이 이와 같으니 어디에 그 천지의 주재자됨이 있는가? 오
만하게 스스로 으쓱거리며 "나는 편견을 갖고 사람을 보지 않는다"고 말
하지만 그 누가 고개를 끄덕이며 믿겠는가?

이처럼, 성서 본문에 기반한 솟켄의 그리스도교 비판은 무엇보다도 그
비윤리성에 중점을 두고 있다. 다음의 인용문은 그중에서도 가족적 윤리의

부재에 대한 비판이다.

> 이스라엘은 적처(嫡妻) 레아를 사랑하지 않고 그 동생 라헬을 사랑했다. 여호와는 레아로 하여금 임신케 한 후 다시 (이스라엘로 하여금) 라헬을 그리워하게 하였고, 임신하고자 하는 그녀의 청을 들어주었다. 여호와는 엿새 만에 천지만물을 만들 수 있으니 얼마나 큰가. (그러나) 지금에는 그 사랑하는 자를 위해 그 모습을 드러내고서는 그 이름을 바꾸도록 명하였다. 또 그 부부를 중재하여 화해시키고, 자매로 하여금 원망이 없도록 하였다. 비천하기가 마치 미천한 백성이 집안사람들을 대함과 같으니 또 얼마나 작은가.

솟켄에게 있어 구약성서가 보여주는 것은 아시아 아프리카 변경의 귀퉁이에 위치했을 뿐인 이스라엘 민족이 경계를 넓히려는 것이고, 또 그 민족의 역사적 인물인 노아와 아브라함과 모세 등이 민심을 유혹한 것일 뿐이다.

(2) 그리스도교의 불충(不忠)과 불효(不孝)에 대한 비판

『변망』에서 보이는 솟켄의 그리스도교 비판 중 가장 핵심적인 것은 그리스도교가 무군무부(無君無父)를 주장한다는 것, 즉 충(忠)과 효(孝)라는 유교적 이념과 정반대라는 것이다. 군주제에 대한 비판이야말로 솟켄의 그리스도교 비판의 주안점이 있는 곳이다. 그리스도교가 군주에 대한 충과 부모에 대한 효라는 가치를 무시한다고 비판하지만, 궁극적으로는 불충에 대한 비판이 그 핵심이다. 그는 우선 충효의 가치에 대해 이렇게 말한다.

사람이 세상에 서는 것은 부모가 낳고 주군이 기르기 때문이니 이 둘의 은혜보다 큰 것은 없다. 그에 보답하기 위해 성인이 세운 도(道)는 충(忠)과 효(孝)이다. 효를 미루어 확대하여, 가까운 친척부터 먼 친척까지 모두 친히 지내고 사랑한다. 충을 미루어 확대하여, 경사(卿士)와 대부(大夫)로부터 부사(府史)와 서리(胥吏)에 이르기까지 모두 공경하고 귀하게 여긴다. 그래도 여전히 충분치 않다고 여겨서 다시 사해(四海)까지 미루어 간다. 무릇 백성으로서 나와 동류(同類)인 자를 무휼(撫恤)하지 않음이 없으면, 후인이 각기 그 자리를 얻고 천하가 평화롭다. 그러므로 생민(生民)의 도는 오직 충효만이 크다.

이런 가치관과 정반대로 그리스도교는 여호와의 가르침을 조술(祖述)하는데, 그 가르침은 주군과 부모를 가짜라고 여기고 진짜 주군과 진짜 부모는 하늘에 있다고 가르친다. 예수 그리스도는 천주가 자신을 내려보내어 세상을 구한다고 주장한다. 그러나 솟켄에게 이런 모든 주장들은 무의미할 뿐이다.

그런즉 시들지 않는 관(冠)을 내가 또 어찌 영광스러워할 것인가. 꺼지지 않는 불을 내가 또 어찌 두려워할 것인가. 예수는 과연 천주의 아들이라, 자기에게 아부하는 이에게 복을 주고 그 주군과 부모를 자기보다 사랑하는 이에게 화(禍)를 준다. 나는 차라리 마귀가 될지언정 불충불효한 사람이 될 수는 없다.

(3) 예수 그리스도의 대속(代贖)과 부활에 대한 비판

그리스도교에 대한 솟켄의 비판은 기본적으로 소박한 상식에 바탕하고 있다. 이 세상을 벗어난 초월적인 것에 대한 관념 자체가 그에게는 존재하지 않는다. 달리 말하자면 소박한 유교적 합리주의의 입장에서, 그는 예수의 대속이나 부활과 같은 비상식적인 일을 받아들일 수가 없다.

예수는 피를 흘려 세인의 죄를 대속하였고, 형을 받은 지 사흘 후에 다시 살아나 대낮에 승천하였다. 이 역시 그 제자들이 날조한 말이다.……예수가 만약 살신(殺身)하여 대속(代贖)하고자 하였다면 형을 받을 날 저녁에는 당연히 평안하여 우려와 고민이 없어야 하고 마음도 그로 인해 걱정이 없어야 한다. 그러나 밤새도록 잠들지 못하고 그 제자들을 소리쳐 깨워 억지로 그들과 이야기하였다. 하물며 그 죽음은 유다가 은(銀) 30냥의 이익에 그를 판 것이지 예수가 스스로 죽임을 당한 것이 아니다. 예수는 유다가 장차 자기를 팔려 한다는 것을 모르고 그를 선택하여 열두 제자의 수를 채웠다. 그 지혜롭지 못함이 심하니, 자기의 피흘림이 뭇사람들의 죄를 대속할지는 또 어찌 알았겠는가?

(4) 그리스도교의 배타성과 일본 고유 풍습과의 불화에 대한 비판

야스이 솟켄은 기본적으로 유학자이면서도 일본의 천황제를 받치고 있는 신도(神道)적 다신교의 세계를 인정한다. 그런 그에게 유일신을 숭배하는 그리스도교는 그 배타성에 있어서 우선 비판을 받아야 하는 것이며, 일본의 고유한 풍습과도 어울리지 않는 것이 당연하다. 그에게서는 불교마저도 일본과 어울리지 않는 것으로 비판받는다. 그리스도교와 불교는 "기이한 환상을 드러내어 인심을 유혹하고, 주군과 부모를 비하하고 그 신을 떠받들며, 생전의 도를 경시하고 사후의 복을 중시하며, 천당으로써 유혹하고 지옥으로써 두렵게 하는" 점에서 동일하며, "그들 사이의 다른 점은 예수가 윤회

를 말하지 않는다는 것뿐이다." 이렇게 일본과 어울리지 않는다는 그리스도
교의 배타성이 솟켄을 두렵게 하는 것은 실제적으로 일본의 정체(政體)를 위
협하는 세력이 될 가능성이 존재한다는 것이었다. 그리스도교가 기반이 된
민중 반란인 시마바라(島原)의 난(亂)[19]이 그에게는 아직 생생한 기억이었다.

(5) 자연과학에 기반한 그리스도교 비판

위에서 기술한 것처럼 소박한 합리주의의 입장에서 그리스도교를 비
판하는 야스이 솟켄은, 어쩌면 자연스럽게도, 서양의 자연과학은 거부하
지 않고 받아들인다. 군주정이라는 정체(政體)에 위협이 되지 않는 한 서양
이 모두 거부되지는 않는 것이다. 오히려 서양에서 유래한 자연과학은 그리
스도교를 비판하는 데에도 이용된다. 그의 문집인 『식헌유고(息軒遺稿)』에는
「지동설(地動說)」이라는 문장이 실려 있는데, 그 일부를 인용해 본다.

> 내 생각에, 지동설은 이집트에서 생겨 그리스에서 완성되었다. 천(天)이
> 멈춰있고(止) 지(地)가 움직이는데(動), 달과 다섯 행성 모두 지류(地類)
> 이다. 그러므로, 또한 모두 그 거소(居所)가 항상(恒常)되지 않고, 태양
> 이 가운데에 그 중심으로 처해 있으면서 여러 움직임을 자극하여 회전하
> 게 하고, 날마다 새롭고 그치지 않게 한다고 말한다. 엔포(延寶) 연간[20]
> 에, 서양의 남회인(南懷仁, Verbiest)이 청나라에 와서 그 서(書)를 바쳤
> 으나, 청나라 군주는 요망한 말이 뭇사람들을 현혹한다고 여겨 동화문(東
> 華門) 바깥에서 불태웠다. 이로 인해 유자(儒者)들은 그것을 배척했고,

---

19 1637년 히젠(肥前)의 시마바라(島原)와 히고(肥後)의 아마쿠사(天草)에서 일어난 농민반란으
  로서, 그리스도교와 연관되어 있다고 판단되었고, 이후 막부의 그리스도교 금지정책과 쇄국정
  책에 영향을 미쳤다.

20 일본의 연호. 1673-1681

다시는 그 설의 유래를 탐구하지 않았다. 내가 일찍이 생각해 보니, 그 말은 극히 리(理)에 가깝고, 천동설이 괴이하다는 것을 잘 보여준다.

이와 같은 자연과학적 인식을 바탕으로 「창세기」에 나타난 그리스도교적 창조설 등을 비판하였다. 천지와 생민의 유래는 성인이 말하지 않은 바로서 후인들도 알 수 없는 것이지만 그리스도교도들은 창조설을 주장한다.[21] 이에 대해 솟켄은 앞서 인용한 지동설을 바탕으로 하여 태양을 기반으로 인간을 포함한 자연 세계가 만들어졌다고 설명한다.

나는 일단 억설(臆說)해 본다.

지구와 다섯 행성은 모두 태양을 중심으로 하여 밤낮으로 허공 속에서 회전하는데, 각기 그 기준(度)이 있다. 지구는 하루에 한 번 도니, 삼백예순여섯 번 돌면 태양 둘레를 한번 돌 수 있고 이것이 일 년이다. 일 년에는 사계절, 열두 달, 이십사절기, 칠십이후(七十二候)[22]가 있다. 모두 태양의 원근(遠近)을 가지고 그 이름으로 삼는다. 만물은 태양으로 인해 나고 자라고 성장하고 거둔다. 태양의 기(氣)가 미치지 못하는 곳에서는 땅이 물(物)을 낳을 수 없다. 만고(萬古)에 일정하며 그 기준(度)이 변한 적이 없다. 그러므로 지구라는 것은 태양이 그 주인이다. 이미 그 주인이니, 그것이 낳는 물(物)을 피어나게도 메마르게도 성(盛)하게도 쇠(衰)하게도 할 수 있다. 그러므로 태양이 지구를 조성(造成)한다고 말하는 것도 가능하다. 다섯 행성도 당연히 그러하다. 쌓여 있는 재에서 파리가 생기

---

21 그렇다면 천지와 생민의 유래는 과연 어떠한 것인가? 그에 대한 대답은 "성인이 말하지 않은 바를 나는 감히 알지 못한다."라는 것이다. 그러나 예수교도는 선명하게 그것을 말한다. 우리 민(民)은 혹 그것에 미혹되기도 한다. 그 화(禍)에는 헤아릴 수 없는 것이 있다.(然則天地民生之初. 果如何也. 曰聖人所不語. 我不敢知. 然耶蘇徒鑿鑿言之. 我民或惑之. 其禍有不可測者焉.)

22 음력에서, 자연 현상에 따라 닷새를 한 후로 하여 일 년의 기후를 일흔둘로 나눈 것

고, 썩은 물에서 물고기가 태어난다.

이로 미루어보면, 생민의 유래 역시 아마도 기가 화한 것(氣化)일 것이
다. 그중 양기를 받은 것은 남자가 되고 음기를 받은 것은 여자가 된다.
남녀가 이미 갈라져 있고, 각자 서로 짝지어서 그 동류(同類)를 번식한
다. 물(物)은 모두 그러하니 사람만 어찌 유독 그렇지 않으랴.

이상에서 본 『변망』 본론의 그리스도교 비판에 이어서, 「귀신론」에서는
정(情)에 기반한 귀신론을 펼치고, 「공화정을 논하여 모생에게 주는 편지」에
서는 공화정에 대한 비판이 펼쳐진다. 「귀신론」은 그리스도교적 인간관·영
혼관을 비판하기 위한 장치이고, 「공화정을 논하여 모생에게 주는 편지」는
솟켄이 그리스도교와 동일시한 공화정에 대한 비판을 담은 글이다. 그에게
있어 공화정과 그리스도교는 거의 같은 뜻이다.[23] 후자의 글은 그의 쇼헤이
코(昌平黌) 동료 유관(儒官)이자 제자인 나카무라 마사나오(中村正直)가 영국
에 다녀온 후 세례를 받고 그리스도교인이 되는 동시에 공화정을 포함한 서
양의 학설들을 소개하는 데 앞장서자, 그에게 보낸 편지에서 공화정을 비판
하고 나아가 관계를 단절하고자 하는 과격한 의지까지 내보인 것이다. 이
두 편의 글은 궁극적으로 군주제, 일본에 있어서는 천황제의 옹호라는 점에
서 다섯 편의 「변망」 본문들과 같은 맥락에 있는 것이다.

(6) 정(情)에 기반한 귀신론(鬼神論)

기본적으로 주자학에 대해 비판적인 입장에 있는 솟켄에게 있어 귀신론
은, 귀신을 음양이기(陰陽二氣)의 운행이라고 보는 주자학적 입장과는 다른

---

23 山路愛山, 「現代日本敎會史論」, 藪禎子·吉田正信·出原隆俊 校注, 『キリシト者評論集』(新
　日本古典文學大系 明治編), 東京: 岩波書店, 2002, 384쪽.

독자적인 것이다. 그 입장은 정(情) 혹은 인정(人情)을 바탕으로 귀신을 설명하는 것으로 드러난다.

> 그런즉 성인이 귀신이라는 이름을 세운 것은 아마도 인정(人情)에게서 얻었을 것이다. 인정은 천(天)이다. 그것을 행하는 매개는 인(人)이다. 인이 천과 합하여 도(道)가 생긴다. 그러므로 도라는 것은 인정(人情)을 표현하되 그 넘침(溢)을 방지하기 위한 것이다. 그리고 귀신에게 있어서 가장 신중히 한다.

(7) 공화정론자들에 대한 비판과 그리스도교

솟켄의 그리스도교 비판이 기본적으로 군주제의 옹호에 있다는 것은 이상의 고찰에서 계속 드러난 바이다. 단행본 『변망』의 마지막에 수록된 「공화정을 논하여 모생에게 주는 편지」는 솟켄의 그리스도교 비판의 궁극적 표현이라고 말할 수 있다. 여기에 나타난 모형(某兄)은 정황상 그의 동료이자 제자인 나카무라 마사나오(中村正直)라는 것이 연구자들의 대체적인 견해이다. 쇼헤이코의 유관으로서 같은 유학자였던 나카무라 마사나오가 영국에 다녀온 후 서양과 근대를 긍정하고 심지어 그리스도교인으로서 세례까지 받은 후 서양 서적을 소개하는 데에 열심을 보이자 솟켄은 충격을 받은 것이 분명하다. 나카무라 마사나오는 영국 새뮤얼 스마일스(Samuel Smiles)의 『자조론(Self-Help)』(1859)을 『서국입지편(西國立志編)』(1871)으로, 존 스튜어트 밀(John Stuart Mill)의 『자유론(On Liberty)』(1859)을 『자유지리(自由之理)』(1872)로 번역하였고, 『변망』의 출간과 같은 해인 1873년에 미국 랜섬 후커 질레트(Ransom Hooker Gillet)의 저서 『연방정부(The Federal Government)』(1872)를 번역하여 『공화정치(共和政治)』라는 이름으로 펴내기까지 한다. 도쿠가와 막부

체제의 지지자에서 메이지유신 이후 천황친정(天皇親政)의 지지자로 돌아선 야스이 솟켄에게 공화정의 이념은 도저히 수용할 수 없는 것이었으며, 전통적 지식인이었던 유학자가 그런 공화정의 이념을 받아들인다는 것은 군주정=천황제가 무너질 수 있다는 직접적이고 현실적인 위협의 신호로 다가왔을 것이다. 솟켄의 글에서는 그가 공화정의 주장을 그리스도교, 그리고 나카무라가 소개하고 있는 소위 양학(洋學)과 동일시하고 있다는 것을 알 수 있다.

> 야스이 고(安井衡)가 말한다. 모형 귀하[24]. 귀하가 일전에 와서 물었다. 동학(同學)의 무리 백여 명이 공화정의 아름다움을 크게 외치면서 공화정이 아니면 부국강병 할 수 없다고 말하는데 그 시비가 어떠하냐고.……그러므로 공화라는 것은 천하에 주군이 없고 여러 신하가 함께 다스리는 것을 말한다. 만약 그것을 반드시 황조(皇朝)[25]에서 행하려고 한다면, 모르겠다, 주상을 어느 곳에 둘지.……서양은 땅이 척박하고 곡식이 적어서, 자급하기에 부족하다. 그래서 기이하고 부정한 기교로써 널리 사방과 무역하여 그들에게 없는 것을 보충한다. 그래서 그들의 권력은 상인에게 있는데, 그 세력은 왕후와 필적한다. 풍속은 또 예수교를 신봉하는데, 예수의 교설에서는 주군과 부모를 가짜로 여긴다. 자기[26]에게 재산을 거두어 오면서도 그것을 천상에 쌓는다고 말한다. 재무를 맡은 관리가 세금을 걷으면 도적보다 더 미워한다. 그래서 백성은 그 주군을 업신여기고, 예수를 진짜 주군의 아들로 귀하게 여긴다. 이것이 공화정의 설(說)이 서양에서 성행하는 이유이다. 양학의 무리는 충효인의가 무엇인지 모른다. 양

---

24 나카무라 마사나오(中村正直, 1832-1891)를 말한다.
25 일본을 말한다.
26 예수를 가리킨다.

학(洋學)의 무리는 충효인의(忠孝仁義)가 무엇인지 모른다.

이렇게 공화정을 부인한 야스이 솟켄은 글의 말미에서 결국 나카무라 마사나오와의 절교를 선언하고 만다.

4. 『변망』에 대한 반응

1) 『변망』에 대한 찬성

『변망』은 출판된 후 찬사와 비판을 동시에 받았다. 그리스도교를 비판하는 입장에서 『변망』에 대해 가장 먼저 찬사를 보낸 것은 솟켄의 요청으로 서문을 쓰기도 한 시마즈 히사미쓰(島津久光)였다. 그는 서문에서 이렇게 말한다.

> 우리나라에서 서양의 갖가지 과학기술의 뛰어남에 신복(信服)하는 자는 반드시 예수교도 함께 믿어, 혹 마침내 그 교를 나라 안에 퍼뜨리고자 하기도 하니 이는 큰 걱정거리이다. 저 예수교의 터무니없는 거짓은 본디 따질 것도 안 되지만 그 말이 달콤하고 아름다우니 사람을 유혹하기가 더욱 쉽다. 따질 만하지 않다고 여겨서 따지지 않는다면 저 무리는 그 기염(氣焰)을 더욱 부채질하고 천하의 백성을 모조리 유혹하여 그 교에 귀의하게 할 것이니 그 세력을 박멸할 수 없을 것이다.……무릇 군신(君臣)의 도가 그치고 부자(父子)의 정(情)이 끊기면 그 어느 곳인들 화란(禍亂)이 이르지 않겠는가. 그러니 그것을 따지는 데 서두르지 않을 수 없다.

시마즈 히사미쓰는 당시 정계의 실력자이기도 했기에 『변망』에 대한 그의 호의는 영향력이 컸다. 그는 같은 해에 야스이 솟켄 문하의 제자인 안도 죠(安藤定)로 하여금 일본어 번역본인 『변망화해(辨妄和解)』를 펴내게 하였다.

근래에 예수의 임금도 없고 부모도 없는 언설이 천하에 점차 행해졌다. 그 뜻대로 되게 한다면, 그 해(害)가 어찌 주송(呪誦)을 전례(典禮)에 비기고, 당탑(堂塔)에 고혈(膏血)을 바르는 것뿐이겠는가![27] 우리 솟켄 선생은 이에 분개하여, 『변망』 다섯 편을 지어 예수의 해를 논하였다. 종2위 시마즈공(島津公)이 그것을 보고 기뻐하시어 스스로 서를 지어 장려하셨다. 또 학문 없는 이가 읽기 어려울까 두려워하여 우리나라 말로 번역해서 시정여염(市井閭閻)의 사람들이 읽기 편하게 하셨다. 그분이 천하를 걱정하심이 깊고도 지극하다 할 것이다. (야스이) 선생은 (시마즈) 공의 성충(誠忠)에 감복하여, 나로 하여금 번역하게 하셨다.[28]

다시 이로부터 8년 후에는 역시 솟켄 문하의 한 사람인 마쓰모토 도요타(松本豐多)에 의해 난외주(標註)를 곁들인 『표주변망(標註辨妄)』이 출간된다.

선사(先師) 야스이 선생의 『변망』이 간행된 지 이미 10여 년이 지났다. 학인들이 이를 빌려 이단을 배척하자, 무부무군(無父無君)의 설이 성행하지 않게 되었고, 충효인의(忠孝仁義)의 기풍이 따라 일어났다. 이 책이 세도(世道)에 유익함은 아마 적지 않을 것이다. 최근 이시즈카 아무개(石塚

---

27 불교의 해보다 그리스도교의 해가 더 심하다는 말이다. 주송은 불교에서 게송이나 다라니를 읊는 것이고 당탑은 불교사찰의 건물과 탑을 말한다.

28 明治文化研究會 編, 『明治文化全集 第23卷 思想篇』, 東京: 日本評論社, 昭和42年 第2版, 209쪽.

某)[29]가 그 판(版)을 사들였는데, 세상에 더 많이 유통시켜 궁향벽읍(窮鄕
僻邑)에까지 이르게 하려 한다.……이에 한당(漢唐) 제유(諸儒) 가운데 경
전(經傳)을 훈해(訓解)한 자들 및 선사(先師)의 문장 중 간행하지 않은 것
을 절취(節取)하여 그 표주(標註)를 만들었다. 비록 이 책의 미의(微意)를
천명(闡明)하기에는 부족하지만, 세상에서 우리의 도(道)를 받드는 자들
은 더욱 그것을 빌어 이단을 배척할 것이고, 궁향(窮鄕)의 후진지사(後進
之士) 중에는 이로 인해 그 강독(講讀)이 편해지는 자가 있을 것이다.[30]

이후 1893년에 시마즈 히사미쓰의 「변망서」와 야스이 솟켄의 『변망』은
간자키 잇사쿠(神崎一作)의 그리스도교 비판 총서인 『파사총서(破邪叢書)』에도
수록된다.

2) 『변망』에 대한 비판

『변망』에 대한 비판도 그리스도교 측으로부터 곧 제기되었다. 가장 대
표적인 것은 감리교 목사인 히라이와 요시야스(平岩愃保)가 쓴 「변망비평(辨
妄批評)」이다. 이 글은 『육합잡지(六合雜誌)』[31] 8-13호와 15호에 모두 7회에
걸쳐 연재되었다. 그 「서문」에서는 먼저 야스이 솟켄의 그리스도교 비판이
기존의 그리스도교 비판이 가진 피상적 수준을 벗어났음을 인정한다. 성서
를 숙독하여 세부 사항을 알고 난 다음의 비판으로서 그 수준이 훨씬 높다
는 것이다.

---

29 간기에 東京府 平民 石塚德次郎이 출판인으로 되어 있다.

30 島津久光公 題序·安井仲平 著·門人松本豐多 校註, 『標註辯妄』, 明治十四年 第七月 新鐫
文海堂藏版, 1쪽.

31 1880년 창간된 기독교청년회 기관지이자 종합잡지이다.

우리나라에서 예수교를 평론하는 자는 매우 많지만, 대개는 피상적인 견해, 담 너머에서 하는 평(評)에 불과하다. 그런데 선생은 그와 반대로 예수교의 책 속에 나아가 文을 들고(擧) 句를 집어내어 그 비리불경(非理不經)을 알아보는 의견을 진술하고 그것을 논박했다. 이것, 평범한 논자가 비할 수 없다고 해야 할 것이다. 특히 그 논(論)은 구약(舊約)의 처음부터 신약(新約)까지 걸치고, 게다가 그 세부 사항을 언급함에 성서 전부를 숙독 열람하지 않고서는 어찌 이같을 수 있겠는가. 뿐만 아니라 예수교도의 설도 듣고 그것을 공격하는 곳도 종종 보인다. 참으로 선생의 일을 논함(論事)은 가볍게 부화뇌동하지 않고 침중확실(沈重確實)을 취지로 삼아 세밀한 것으로, 사람으로 하여금 거의 경복(敬服)케 하기에 충분하다. 이 것, 선생이 선생인 까닭으로서, 일찍이 모씨가 내게 한 말을 증명하기에 충분할 것이다.[32]

그럼에도 불구하고 역시 야스이 솟켄은 세계의 사정을 잘 모르고 그리스도교에 대한 이해 자체가 없어서 자구에 얽매인 비판이라고 비판한다.[33] 그는 솟켄의 그리스도교 비판의 핵심이 군주제의 옹호라는 것을 파악하고, 솟켄이 그리스도교를 공화정과 동일시하는 것을 비판하면서, 그리스도교가 군주제와 모순되지 않는다고 주장한다. 서양 국가들의 사정을 보았을 때, 그리스도교와 군주제가 모순되지 않는다는 것은 엄연한 사실이었다. 예수 그리스도는 그 신자들의 왕이고, 마음속의 왕일 뿐 세간의 왕이 아니라는 것이 그 주장의 핵심이다.

---

32 「辯妄批評序」, 『六合雜誌』第八號, 1881년 5월, 160쪽.
33 "그럼에도, 안타깝도다. 자세히 그 책을 열람함에 혹은 세계(宇內)의 사정을 잘 모르거나 혹은 예수교의 사실(事實), 정신, 목적을 자세히 알지 못하거나, 혹은 자구에만 구애되어 그 뜻을 살피지 못하는 등으로 인해 의론이 옳지 못한 것이 꽤 많다." 「辯妄批評序」, 『六合雜誌』第八號, 1881년 5월, 160-161쪽.

선생은 주(周)나라 여왕(厲王)시대를 인용하여, 오늘날의 소위 공화정의 성질을 논하셨다. 나는 지금 그 설이 옳은지 그른지는 감히 따지지 못해도, 선생이 어떻게 해서 사람이 예수교를 신봉하면 공화정을 제창하기에 이른다고 말하는 감각을 일으켰는가만은 괴이하게 여기지 않을 수 없다. 대저 현재 서양의 국가들을 보면 예수교를 받드는 나라가 모두 공화정의 나라라고 말하지 않는다. 반대로 예수교를 받드는 나라로서 군주제(立君 政體)인 것이 많다고 한다. 또 예수가 그 제자에게 가르쳐 일찍이 국체정교(國體政敎)에 간섭케 한 일이 없다. 그 말에 이르기를 "내 나라는 이 세상의 나라가 아니다. 만약 내 나라가 이 세상의 나라라면, 나를 따르는 이들은 나를 유태인에게 넘기지 않도록 싸워야 한다. 그러나 내 나라는 이 세상의 나라가 아니다." 빌라도(로마에서 파견한 유태국 지사(知事)) 가 예수에게 "그러면 당신은 왕이오?"라고 말했다. 예수는 "당신이 말하는 바와 같이 나는 왕이다. 내가 그 때문에 태어나 그 때문에 세상에 임한다. 진리에 대해서 증거를 이루기 위해서이다. 진리에 속하는 모든 이는 내 음성을 듣는다"고 답했다.(新約書 約翰傳 十八章 三十六七節에 보인다. 文은 日本譯新約書에 따르며 굳이 수식하지 않는다. 이하 그것을 기준으로 한다.) 이 말에 기대에 생각하면, 예수는 그 신도의 왕인 자이다. 그러나 세간의 왕이 아니다. 마음속의 왕이다. 예수의 나라는 곧 신의 나라 혹은 천국(이 두 칭호는 공히 성서 속에 많이 보인다)이라고 칭한다. 인심을 지배하는 바는 보이지 않는다. 나라로서 세간의 나라와 세간의 정부에 조금도 간섭하는 일 없다. 그러므로 인민(人民)이 그것을 볼 때는 예수와 국군(國君)은 본래 양립(兩立)하는 것이다. 즉 예수는 그 마음을 지배하고 국군은 그 몸을 관리한다.[34]

---

34 「辯妄批評」第一章, 『六合雜誌』第九號, 1881년 6월, 180쪽.

5. 나오며

오늘날 우리 학계에 야스이 솟켄은 『한문대계(漢文大系)』의 첫 권에 수록된 『대학설(大學說)』, 『중용설(中庸說)』, 『논어집설(論語集說)』, 『맹자정본(孟子定本)』의 저자로 알려져 있다. 도쿠가와막부 체제하에서 쇼헤이코의 유관(儒官)을 지낸 그는 메이지유신 시기 막부와 천황의 신정부 사이에서 고뇌하다가 결국 천황의 친정을 인정하는 입장을 취했지만, 현실 정치에는 참여하지 않았다. 그 대신 생의 마지막 수년간 평생의 학문을 정리하는 작업을 통해 수많은 한적(漢籍)들을 정리하고 주석을 다는 작업을 하였다. 그 결과로 오늘날에도 한국을 포함한 동아시아의 학자들은 한문의 세계에 들어설 때 그의 저작에 기대는 일이 많다. 이런 그에게 『변망』이라는 저작은 돌연변이와도 같은 성격의 것이라고 말할 수 있다. 그러나 메이지 유신 시기에 이미 노년이었고, 유신이 시작된 후 불과 8년 만에 세상을 떠난 그에게 메이지 초기의 급격한 서양화와 근대화는 받아들이기 힘든 충격이었음이 분명하며, 그에게는 현실적으로 다가오는 위협이었다는 점을 고려하면 그 저술의 이유는 충분히 이해할 수 있다.

그리스도교 비판서로서의 『변망』은 히라이와 요시야스도 지적했듯이 그 이전의 그리스도교비판서들과 달리 한역성서를 읽고서 그 세부 사항까지 숙독한 최초의 작품이라는 긍정적인 면을 우선 가지고 있다. 그 이전까지는 중국이든 한국이든 일본이든 그리스도교 비판은 그 교리를 선전하는 서적들에 기반한 것들이었다. 『변망』은 당시 일본에서 전통적인 학문으로는 최고의 경지에 있던 학자가 성서를 매개로 그리스도교와 정면으로 대결한 작품인 것이다. 그러나, 오늘날의 시각에서 볼 때 그 비판의 한계 또한 너무나 분명하다. 그의 그리스도교 비판은 소박한 합리주의의 입장에서, 비그리스도교인이라면 오늘날에도 누구나 내어놓을 수 있는 수준의 비판을 넘어섰다고 보기는 어렵다. 수많은 신화와 전설로 점철된 성서의 불합리성을 주장하는 것은 전혀 어려운 일이 아니다. 아울러 서양의 역사에 대한 무지로 인해, 군주제와 그리스도교가 양립하지 못할 것이라는 잘못된 확신에 차 있다. 무엇보다도 그의 비판이 오늘날의 우리에게 수용되기 어려운 것은, 일본식 군주제인 천황제를 옹호하고 신분 차별을 당연시하는 전근대적 사유를 그 바탕에 깔고 있기 때문이다. 그는 자신이 비판의 대상으로 삼은 동료 나카무라 마사나오와 달리 그 전근대적 사유에 대해 한 치의 의심도 품지 않은 채로 『변망』을 집필하고 곧이어 생을 마감했다. 이를 고려할 때, 오늘날 『변망』 읽기가 가치를 가질 수 있는 것은, 메이지 시대에 근대와 전근대 사이에서 고민했던 수많은 동아시아 지식인의 모습을 보여주는 대신 전근대적 사유를 철저히 고수하는 전통적 지식인이 서양/근대/그리스도교와 대결하는 모습을 노골적으로 보여주기 때문이라고 할 수 있을 것이다.

제2부

———

번역 및 주해

辨妄序
변망 서문

我邦服西洋百工技藝之靈巧者, 必倂信耶蘇敎, 或乃欲敷其敎於國中, 是大患也。夫耶蘇敎之妄誕, 固不足辨, 然其言甘美, 尤易惑人。苟以爲不足辨, 而不辨之, 則彼徒益煽動其氣燄, 盡誘天下之民而歸之, 其勢將不可撲滅矣。

우리나라에서 서양의 갖가지 과학기술의 뛰어남에 신복(信服)하는 자는 반드시 예수교도 함께 믿어, 혹 마침내 그 교를 나라 안에 퍼뜨리고자 하기도 하니 이는 큰 걱정거리이다. 저 예수교의 터무니없는 거짓은 본디 따질 것도 안 되지만 그 말이 달콤하고 아름다우니 사람을 유혹하기가 더욱 쉽다. 따질 만하지 않다고 여겨서 따지지 않는다면 저 무리는 그 기염(氣燄)을 더욱 부채질하고 천하의 백성을 모조리 유혹하여 그 교에 귀의하게 할 것이니 그 세력을 박멸할 수 없을 것이다.

夫耶蘇敎者, 以拜上天爲其道, 天卽理而已矣。子之拜親, 臣之拜君, 是卽理也。從理則吉, 逆理則凶。天之報施於人, 而不爽者也。今臣子而拜天, 置君父於無有, 欲以求福。是誣天也。夫君臣道息。父子情絶, 禍亂何所不至。然則辨之, 不可不早辨也。

저 예수교라는 것은 상천(上天) 숭배를 그 도(道)로 여기지만, 천(天)은 곧 리(理)일 뿐이다. 자식이 부모를 숭배하고 신하가 주군을 숭배하는 것이 곧 리이다. 리를 따르면 길(吉)하고 리를 거스르면 흉(凶)하다. 천이 사람에게 보답을 베풂에는 틀리는 일이 없다. 지금 신하와 자식이 천은 숭배하면서 주군과 부모는 무시하고서 복을 구하려 하니 이는 천을 속이는 것이다. 무릇 군신(君臣)의 도가 그치고 부자(父子)의 정(情)이 끊기면 그 어느 곳인들 화란(禍亂)이 이르지 않겠는가. 그러니 그것을 따지는 데 서두르지 않을 수 없다.

日南安井氏。有憂於此, 著辨妄一篇, 以辨耶蘇之妄誕不經, 乃遠寄一本, 以請序。余受而閱之, 辨駁攻擊, 鑿鑿中窾, 使讀者心服首肯。是書之出, 吾知如太陽出而群陰散, 足以奪彼徒之氣, 而袪我民之惑, 豈不美哉, 豈不快哉。

니치난[1]의 야스이씨는 이를 걱정해 『변망』을 지어 예수가 상도(常道)에 어긋난 터무니없는 거짓임을 따진 후 멀리 한 권을 보내와 서문을 청하였다. 내가 받아서 읽어보니 변박(辨駁)과 공격이 정확히 요점을 찔러 독자로 하여금 심복(心服)하고 수긍(首肯)하게 한다. 이 책의 출간으로 나는 마치 태양(太陽)이 나오면 짙은 음기(陰氣)가 흩어지듯 저 무리의 기(氣)를 빼앗고 우리 백성의 미혹(迷惑)을 제거하기에 충분할 것임을 알겠다. 어찌 아름답지 않으랴, 어찌 통쾌하지 않으랴.

安井氏, 今之老儒, 既絕意仕途, 而其憂世距邪之志, 繾綣不能自已, 猶如此。此其心與孟軻之距楊墨, 韓愈之排佛老, 何異焉, 而其功, 蓋亦不在其下矣。余雖不文, 亦與安井氏同憂者, 安得不樂而序之。

---

1 야스이 솟켄의 고향으로 오늘날의 미야자키현(宮崎縣)에 속한다.

야스이씨는 지금은 노유(老儒)로서 이미 벼슬길에 마음을 접었으나, 세상을 걱정하고 사도(邪道)를 거부하는 그 뜻은 간곡하여 스스로 그만둘 수 없음이 이와 같다. 그 마음은 맹가(孟軻)가 양주(楊朱)와 묵적(墨翟)을 거부하고 한유(韓愈)가 부처와 노자(老子)를 배척한 것과 무엇이 다르겠는가. 그 공(功) 역시 그보다 아래에 있지는 않을 것이다. 나는 비록 학문이 없지만 역시 야스이씨와 걱정을 함께 하는 자이니, 어찌 기꺼이 서문을 쓰지 않겠는가.

明治六年五月上浣

從二位 源久光 撰

메이지 6년(1873) 5월 상순

종2위 미나모토[2] 히사미쓰 짓다

---

2 시마즈 히사미쓰(島津久光, 1817-1887)이다. 에도시대 말기 사쓰마번주(薩摩藩主)인 시마즈 다다요시(島津忠義)의 아버지로서, 메이지시대의 정치가이다. 시마즈씨는 자신들이 미나모토씨(源氏, 겐지)의 후예라고 주장하기에 성을 이렇게 쓴 것이다.

辨妄一
변망 1

半九子旣老, 事間氣暢。取西書而讀之, 旣而投卷, 歎曰, 甚矣, 西書之妄誕
不經也。其言膚淺, 本不足辨。然蚩蚩之氓, 爲其所誑惑者, 至死不敢變, 是
亂之本也。今也其害駸駸將及我, 則亦不可不辨焉。乃據其言而條晰之。

반구자[3]는 이미 늙어 한가하고 여유롭다. 서양서를 집어 읽었는데, 다 읽고
나서는 책을 집어던지고 이렇게 탄식했다. "심하도다, 서양서의 상도(常道)
에 어긋나고 터무니없는 거짓임이." 그 말은 천박하여 본디 따져볼 만한 것
도 없다. 그러나 어리석은 민중으로서 그 말에 미혹된 자는 죽어도 변하려
하지 않으니 이는 난(亂)의 근본이다. 지금 그 해(害)가 점차 우리에게까지
미치니 또한 따지지 않을 수가 없다. 이에 그 말에 근거하여 조목조목 조리
를 따져 밝힌다.

其書曰, 有神曰耶和華, 先天地而生。是造天地日月星辰, 及兩間所有之群
物, 六日而成, 乃以第七日爲安息日。又聚塵土, 依己像造人, 其名曰亞當。
旣而又曰, 人獨處未善, 乘阿當酣寢之時, 取其一脇, 實之以肉, 以爲之妻,
其名曰夏娃。是爲天地萬物之主。夏娃爲蛇所誘, 食其所禁之果, 乃罰婦女
以胎孕之苦, 重加之以産子之艱。

---

3 야스이 솟켄의 별호이다.

그 책에서 이렇게 말하였다. 여호와라는 신(神)이 있는데, 천지보다 먼저 생겼다. 이 신이 천지일월성신(天地日月星辰)과 천지간의 만물(萬物)을 만들었는데, 엿새에 완성한 다음 일곱째 날을 안식일로 삼았다.[4] 또 흙먼지를 모아 자신의 모습대로 사람을 만들고 그 이름을 아담이라 하였다.[5] 그런 다음 또 "사람이 혼자 있는 것은 좋지 못하다"고 말하고,[6] 아담이 한창 잠든 틈을 타 갈비뼈를 하나 꺼내고 살로 채워서는 그 아내로 삼고[7] 이름을 하와라고 하였다. 이들이 천지만물의 주인이 되었다.[8] 하와가 뱀에게 유혹되어 금지된 과일을 먹자[9] 임신의 고통으로써 부녀자를 벌하고 자식을 낳는 괴로움까지 다시 더하였다.[10]

我聞神也者, 有靈而無形。耶和華六日能造天地萬物, 神莫大焉。乃其形幺麼, 與人相像, 不亦奇乎。其造亞當, 聚塵土以爲之質。夏娃則拔亞當一脇, 以肉實之, 是造人必須其材。不知造天地日月萬物, 又以何物爲之材也。

내가 듣기로는 신이라는 것은 영(靈)이 있고 형체가 없다. 여호와는 엿새에

---

4 「創世記(창세기)」 1:1-2:3 "元始時, 神創造天地. 地乃虛曠, 淵面晦冥, 神之靈覆育於水面. 神曰, 宜有光, 卽有光焉. 神觀光爲善, 神遂分光暗. 神名光者曰晝, 暗者曰夜. 有夕有朝, 是乃元日.……夫如是, 天地及其衆羣咸備. 至第七日, 神已竣所造之工, 神竣所造於七日, 乃安息. 因是日神息其所造諸工而自安, 故祝七日爲聖日."

5 「創世記」 2:7 "耶和華神以地塵造人, 噓生氣入其鼻, 而人成爲生靈."

6 「創世記」 2:18 "耶和華神又曰, 人獨處未善, 我將爲之作偶以助之."

7 「創世記」 2:21-23 "耶和華神令亞當酣寢, 寢酣時, 神取其脇之一, 而實以肉. 耶和華以所取之脇, 造之爲女, 攜就亞當. 亞當曰, 是乃我骨之骨, 我肉之肉, 以其由男取出, 可稱之爲女."

8 「創世記」 3:20 "亞當名婦曰夏娃, 以其爲羣生之母也."

9 「創世記」 3:1-6 "耶和華神所造諸生物莫狡於蛇. 蛇謂婦曰, 爾勿徧食園中諸樹之果, 非神所命乎.……於是婦視其樹, 可食, 可觀, 又可慕, 以其能益智慧也, 遂摘果, 食之, 並給其夫, 夫亦食之."

10 「創世記」 3:16 "謂婦曰, 我必以胎孕之苦, 重加於爾, 産子維艱, 爾必戀夫, 夫必治爾."

천지만물을 만들 수 있었으니 신으로서는 이보다 더 큰 것이 없다. 이런데 그 형체가 작아서 사람과 닮았으니 또한 기이하지 않은가? 그가 아담을 만들 때는 흙먼지를 재료로 삼았다. 하와는 아담의 갈비뼈 하나를 뽑아 살로 그것을 채우니, 이는 사람을 만들 때 반드시 그 재료가 필요했던 것이다. 천지, 일월, 만물을 만들어놓고서는 또 무엇을 그 재료로 삼는지 모르겠다.

凡生物蛇最狡, 則如不造之, 何爲又造蛇, 使之誘夏娃, 食其所禁之果也。蛇不能言, 傳其學者, 恐人不信, 乃文飾之曰, 魔鬼化蛇。然據其書, 魔鬼乃僞使徒之墮地獄者, 當亞當之時, 亦未有使徒也。如夏娃食所禁之果。不爲無罪。罰之亦可。以夏娃之罪, 并罰後世婦女, 使之産子是艱, 何其寃也。凡有血氣者, 皆有雌雄牝牡, 各相配, 以蕃其類。彼亦犯何罪, 使其雌與牝受胎孕之苦也。假令夏娃不食所禁之果, 將終身不産子邪。則不免復聚塵土造人, 何耶和華之不憚煩也。

모든 생물 가운데 뱀이 가장 교활하니, 그것을 만들지 말 것이지 어째서 또 뱀을 만들어서는 하와를 유혹하여 그 금지된 과일을 먹게 하는가. 뱀은 말을 할 수 없으니, 그 학(學)을 전하는 자는 사람들이 믿지 않을까 두려워하여 그것을 번드르하게 꾸며서 "마귀가 뱀으로 화(化)하였다"고 말한다. 그러나 그 책에 의하면 마귀는 곧 거짓 사도(使徒)[11]로서 지옥에 떨어진 자인데, 아담의 때에는 아직 사도가 없었다. 만약 하와가 금지된 과일을 먹은 것은 죄가 없지 않으니 그녀를 벌하는 것도 가하다. 그러나 하와의 죄로써 후세의 부녀를 함께 벌하고 그들에게 자식 낳기가 괴로움이 되게 하였으니 얼마나 억울한가? 혈기(血氣)가 있는 것은 모두 암수가 있어서, 각자 서로 짝을 지어 그 동류(同類)를 번식한다. 그것들 역시 무슨 죄를 지었기에 그 암컷들

---

11 타락하여 마귀가 되었다는 전승 속의 천사(天使)를 사도(使徒)와 혼동하고 있는 것으로 보인다.

에게 잉태의 고통을 받게 하는가? 만약 하와가 금지된 과일을 먹지 않았고 종신토록 자식을 낳지 않았다면 (여호와가) 다시 흙먼지를 모아 사람을 만드는 일을 면치 못할 것이니, 어째서 여호와는 번거로움을 꺼리지 않는가?[12]

亞當至挪亞十世, 約二千年。耶和華見世人罪惡貫盈, 悔己造之。欲并禽獸蟲豸而盡滅之, 而獨喜挪亞信己, 預命之造巨舟長三百尺, 挈其妻子及生物牝牡各一, 以登舟。旣天破大淵之隙, 大雨四旬晝夜, 水高於天下高山, 十有五尺, 溢於地者, 百五十日, 徧地生物盡滅矣。水旣退, 乃許挪亞三子散處於天下。

아담으로부터 노아까지 10세대 약 2,000년이었다. 여호와는 세상 사람들의 죄악이 가득한 것을 보고서 자신이 그들을 만든 것을 후회하였다.[13] 날짐승, 들짐승, 길짐승, 발 없는 짐승들과 함께 그들을 모두 없애려 하였으나, 노아가 자기를 믿는 것만은 좋아했기에[14] 그에게 미리 명하여 300척(尺)짜리 큰 배를 만들어[15] 그 처자 및 생물의 암수 각 하나씩을 이끌고 배에 오르도록 하였다.[16] 하늘(天)에서 대연(大淵)의 틈새가 부서지자 큰비가 40일간 주야로 내려, 물이 천하의 고산(高山)보다 15척이나 높았고, 땅에 물이 넘쳐

---

12 애초에 여호와가 금지된 과일을 만든 것에 대한 의문이다.

13 「創世記」 6:5-6 "耶和華見世人之惡貫盈, 凡其心念之所圖維者, 恒惟作慝, 故耶和華悔己造人於地, 而心憂之."

14 「創世記」 6:7-8 "耶和華曰, 我所造之人, 我將翦滅於地, 自人及獸, 昆蟲飛鳥, 蓋我悔造之矣。惟挪亞獲恩於耶和華前."

15 「創世記」 6:14-15 "爾剖松木爲方舟, 中分爲房, 以瀝靑塗其內外, 爾作之式, 舟必長三百尺, 闊五十尺, 高三十尺."

16 「創世記」 6:18-20 "然與爾將立我約, 爾率妻子, 及子之婦, 悉登於舟。爾將生物族類, 牝牡各一, 攜之登舟, 與爾同保生命。鳥從其類, 獸從其類, 昆蟲從其類, 類各爲偶, 偕爾同登, 以保生命."

나기 150일 만에 온 땅의 생물이 모두 절멸되었다.[17] 물이 물러나고 난 후에 노아의 세 아들로 하여금 천하에 흩어져 살도록 허락하였다.[18]

甚哉, 耶和華之暴也。雖世人罪惡貫盈, 未必盡爲桀蹠, 其中必有差善者焉。今不導之以其道, 又不分其罪之輕重大小, 出其不意卒然破大淵之隙, 盡淹殺之, 并及禽獸。獨愛挪亞, 使之預造舟以免其災。用心如此, 安在其爲天地主宰哉。而傲然自詫曰, 我不偏視人, 其誰肯信之。

심하도다, 여호와의 포악함이. 비록 세상 사람들이 죄악으로 가득하다 해도 그들 모두가 걸(桀) 임금이나 도척(盜跖)은 아닐 것이고, 그중에는 반드시 조금 선한 자도 있을 것이다. 지금 그들을 올바른 도로써 이끌지도 않고 또그 죄의 경중과 대소를 나누지도 않고, 뜻밖에 갑자기 대연(大淵)의 틈새를 부수어 그들을 모두 익사시키고, 금수까지 그렇게 하였다. 오로지 노아만을 사랑하여 그로 하여금 미리 배를 만들어 그 재난을 면케 하였다. 마음 씀이 이와 같으니 어디에 그 천지의 주재자 됨이 있는가? 오만하게 스스로 으쓱거리며 "나는 편견을 갖고 사람을 보지 않는다"고 말하지만 그 누가 고개를 끄덕이며 믿겠는가?

天氣下降, 地氣上騰。雨於是乎降。視天蒼蒼, 我又不知所謂大淵者在何處也。挪亞至耶蘇之父約瑟五十世。假令一世四十五年, 約二千三百年。耶蘇

---

17 「創世記」7:11-12 "適挪亞在世六百年, 二月十七日, 是日, 大淵之源潰, 天破其隙. 雨注於地, 四旬晝夜." 7:17-24 "地被洪水, 及至四旬, 水勢益盛, 致起方舟浮於地上. 遍地之水橫溢, 舟溯洄於水面. 水愈橫流, 天下高山盡爲所沒. 其勢瀰漫, 高於諸山十有五尺. 行地諸生物, 飛鳥, 牲畜, 百獸, 匍地昆蟲, 以及兆民, 凡在陸地有鼻可通呼吸者, 咸就死亡. 在地諸生物滅矣. 自人及牲畜, 昆蟲飛鳥, 悉見滅於地上, 惟挪亞與在舟者猶存. 水溢於地, 歷一百五十日."
18 「創世記」9:1-7 "神祝挪亞及其子曰, 爾生育衆多, 滿盈於地,⋯⋯爾生育衆多, 繁衍增盛於地."

生於我[19]

垂仁天皇三十年, 爲漢平帝元始元年。據漢史而上推之, 至唐堯洪水之時, 亦約略二千三百年。

천기(天氣)는 아래로 내려오고 지기(地氣)는 위로 솟구친다. 비는 어디서 내리는가? 하늘을 보니 새파랗다. 나는 소위 대연(大淵)이란 것도 어디에 있는지 모르겠다. 노아로부터 예수의 아버지 요셉까지 50세대이다. 만약 한 세대가 45년이라면, 약 2,300년이다. 예수는 우리
스이닌 천황[20] 30년, 한(漢) 평제(平帝) 원시(元始) 원년에 태어났다. 한대사(漢代史)에 의거해 위로 밀고 올라가 보면, 당요(唐堯)의 홍수 때에 이르기까지도 약 2,300년이다.

挪亞子孫, 處亞西亞極西之境。其地與漢土隔蔥嶺。印度河與江河同出於蔥嶺。其經其東, 以入于南海。猶江河經漢土以入于東海。然則其言洪水者, 蓋與堯時同, 其言信也。高於天下高山十五尺者虛也。堯典曰, 湯湯洪水方割, 蕩蕩懷山上襄陵。孟子述之乃曰, 下者爲巢, 高者爲營窟。夫水高於天下高山十五尺, 地球皆爲海矣。漢土之人, 安獨得爲巢窟而避其患哉。

노아의 자손은 아시아의 극서(極西) 변경에 처해 있었다. 그 땅은 한토(漢土)와는 파미르고원[21]을 사이에 두고 있다. 인더스강은 장강(長江)·황하(黃河)와 같이 파미르고원에서 나온다. 그 강은 그 동쪽을 지나 남해로 들어간다.

---

19 원서에 따라 줄을 바꾸어 쓴다.

20 일본의 제11대 천황이다.

21 원문에서 '총령(蔥嶺)'이라고 부른 파미르고원은 중앙아시아에 있는 고원으로서 히말라야산맥, 천산산맥(天山山脈), 카라코람산맥, 힌두쿠시산맥 등의 고산지대가 모여서 이루어진 고원이다. 국가적으로는 타지키스탄, 키르기스스탄, 아프가니스탄, 파키스탄, 중국에 걸쳐 있다.

이는 장강과 황하가 한토를 지나 동해로 들어가는 것과 같다. 그러니 거기서 말하는 홍수라는 것은 아마도 요임금 때와 같을 것이니, 그 말은 믿을 만하다. (그러나) 천하의 고산(高山)보다 15척 높다는 것은 헛소리이다. 『서경(書經)』「요전(堯典)」에 "넘실대는 홍수가 널리 해를 끼치어, 콸콸 흐르는 물이 산을 삼키고 언덕을 잠기게 한다"[22]고 하였다. 맹자는 그것을 서술하여 "아래에 있는 것들은 둥지를 만들고, 높은 곳에 있는 것들은 굴을 만들었다."[23]고 말했다. 저 물이 천하의 고산보다 15척 높았다면 지구는 모두 바다가 되었을 것이다. 한토의 사람들만 어찌 홀로 둥지와 굴을 만들어 그 환난을 피할 수 있었겠는가!

然則所謂天下者, 亦不過埃及, 紅海, 猶太彈丸之地而已。蓋其地卑下, 又挾於印度, 埃及兩大河之間。而洪水之時, 智寶未開, 是以衆民不免溺死。獨挪亞其家稍富, 作巨舟以運財貨, 洪水偶至, 乃乘之以免其患。後人欲假耶和華, 以威其民, 捏造妄語, 以神其事耳。何以知其爲捏造也。

그러므로 소위 천하라는 것 역시 이집트, 홍해, 유대의 아주 작은 땅에 불과하다. 대체로 그 땅은 낮으며, 또 인더스강과 나일강이라는 두 대하(大河) 사이에 끼어 있다. 홍수 때에는 아직 지혜가 막힌 채로 열리지 않았기에 많은 백성(衆民)이 익사를 면치 못했다. 오직 노아의 가족만이 조금 부유하여 큰 배를 만들어서 재화를 운반하다가, 우연히 홍수가 이르자 그 배를 타고 그 환난을 면하였다. 후인(後人)이 여호와를 빌려 그 백성을 위협하고자 헛소리를 날조하면서 그 일을 신비롭게 만든 것이다. 그것이 날조임을 어찌

---

22 『書經』「堯典」 "帝曰, 咨四岳, 湯湯洪水方割, 蕩蕩懷山襄陵, 浩浩滔天, 下民其咨, 有能俾乂."
23 『孟子』「滕文公下」 "當堯之時, 水逆行, 氾濫於中國, 蛇龍居之, 民無所定, 下者爲巢, 上者爲營窟."

아는가?

耶和華觀民建邑與塔, 恐其相誘以趨奢侈, 不可得而制, 乃淆其口音, 使言
語不通。夫天之置民, 限之以大海, 隔之以高山, 民居其間者, 各安其土而習
其俗。其異言語, 猶其異風俗。豈待耶和華淆之哉。其書所說皆此類。若盡辨
之, 踰月未可竭也。

여호와는 백성이 성읍과 탑을 건설하는 것을 보고서, 그들이 서로 꾀어 사
치를 좇음에 제어할 수 없을까 두려워하여, 그 구음(口音)을 뒤섞어 언어가
통하지 않도록 하였다. 저 하늘(天)이 백성을 둘 때 대해(大海)로 한계를 짓
고 고산으로 사이를 떼 두었다. 그 사이에 거주하는 백성은 각자 그 땅에 안
주하여 그 풍속을 익혔다. 그 언어를 달리하는 것은 그 풍속을 달리하는 것
과 같다. 어찌 여호와가 뒤섞기를 기다리겠는가? 그 책에서 말한 것은 모두
이런 류이다. 그것을 다 따지자면 한 달이 넘어도 다하지 못할 것이다.

耶和華旣愛挪亞, 延及九世孫亞伯拉罕, 以至其玄孫摩西, 數顯見於其前,
與之語甚詳。亞伯拉罕初名亞伯蘭, 孫以色列初名雅各, 皆命改今名。以色
列不愛嫡妻利亞。而愛其妹拉結。耶和華使利亞懷孕, 後又眷念拉結, 聽其
懷孕。耶和華六日能造天地萬物, 何其大乎。今也, 爲其所愛, 顯見其形, 命
改其名。又調停其夫婦, 令姊妹無怨。喋喋然如細民於家人, 抑又何小也。

여호와의 노아 사랑은 9세손 아브라함까지 뻗었고, 그 현손인 모세에 이르
러 여러 번 그 앞에 현현하였는데 그에게 말한 것이 매우 상세하다. 아브라
함은 처음에 이름이 아브람이었고[24] 손자 이스라엘은 처음에 이름이 야곱이

---

24 「創世記」 17:5 "今不復名爾亞伯蘭, 乃稱爾亞伯拉罕."

었는데[25] 모두 현재의 이름으로 바꾸도록 명하였다. 이스라엘은 적처(嫡妻) 레아를 사랑하지 않고 그 동생 라헬을 사랑했다.[26] 여호와는 레아로 하여금 임신케 한 후 다시 (이스라엘로 하여금) 라헬을 그리워하게 하였고,[27] 임신하고자 하는 그녀의 청을 들어주었다.[28] 여호와는 엿새 만에 천지만물을 만들 수 있으니 얼마나 큰가. (그러나) 지금에는 그 사랑하는 자를 위해 그 모습을 드러내고서는 그 이름을 바꾸도록 명하였다.[29] 또 그 부부를 중재하여 화해시키고, 자매로 하여금 원망이 없도록 하였다. 비천하기가 마치 미천한 백성이 집안사람들을 대함과 같으니 또 얼마나 작은가.

以色列子約瑟爲諸兄所忌, 耶和華乃與之偕往埃及。及其王法老夢七美牛與七弱穗, 使約瑟圓之。約瑟曰, 七豐年之後, 必有七饑年。王以爲神, 擧以爲相。乃於七豐年中, 征五分之一, 以充七饑年之糧。及宇內盡饑, 皆糴穀於埃及。約瑟能知七年之饑, 則耶和華亦必能知之。耶和華推安息日之例, 嘗以第七年爲安息年, 不許民勤其業。或恐無所食, 乃曰, 我於第六年, 爲爾生三年食。是宇內之豐凶在其心也。彼旣爲天地主宰, 則宇內之民皆其民也。何不變饑爲豐以救之, 必使之竭其所有之財物, 以就約瑟糴米, 使約瑟成其名也。且埃及者, 亞非利加東北一隅之地而已。雖貯七年之穀, 安能救宇內

---

25 「創世記」32:28-29 "曰. 爾勿復名雅各, 可名以色列."

26 「創世記」29:18 "雅各愛拉結, 故對曰, 爲爾季女拉結, 我役事爾七年."

27 「創世記」29:30 "雅各與拉結同室, 愛拉結過於利亞, 後復役事拉班七年."

28 「創世記」29:22-23 "拉班集其處諸人宴焉, 旣昏, 以期女利亞攜與雅各同室."

29 「創世記」17:1-5 "亞伯蘭九十九歲時, 耶和華顯現於亞伯蘭, 謂之曰, 我乃全能之神, 爾可於我前全爾善行, 我將與爾立我約, 蕃衍於爾, 亞伯蘭遂俯伏, 神又謂之曰, 我與爾立我約, 爾將爲列國之祖, 今不復名爾亞伯蘭, 乃稱爾亞伯拉罕, 以我使爾爲列國之祖故也." 32:25-30 "其人自揣不勝, 則擊雅各髀樞, 相角之際, 雅各髀樞挫離. 其人曰, 天將曉矣, 容我去. 雅各曰, 爾不我祝, 則不容爾去. 曰, 爾何名. 曰, 雅各. 曰, 爾勿復名雅各, 可名以色列, 蓋爾於神與人有能似君, 致獲勝也. 雅各問曰, 請以爾名告我. 答曰, 何問我名乎, 遂在彼祝之. 雅各稱其地爲便以利. 言我覿神之面, 而生命尙存."

七年之饑哉。其不足信亦明矣。唯其不足信也, 故雖奉其教者, 亦不肯以第七年爲安息年而廢其業。非以智所能及不可欺以非其道邪。

이스라엘의 아들 요셉이 형들의 시기를 받자 여호와는 그와 함께 이집트로 갔다.[30] 그 왕 파라오에게 가서 일곱 개의 여윈 이삭을 주고서는 요셉으로 하여금 그것을 풀이하게 하였다.[31] 요셉은 "7년의 풍년 후에 반드시 7년의 흉년이 있을 것입니다."라고 말하였다.[32] 왕이 신기하게 여기고서는 요셉을 들어 재상으로 삼았다.[33] 그 후 7년간의 풍년 중에는 5분의 1을 징수하여[34] 7년의 흉년의 식량을 충당했다.[35] 세상이 모두 굶게 되자 모두 이집트에서 곡식을 빌렸다.[36] 요셉이 7년의 흉년을 알았으니 여호와 역시 틀림없이 그것을 알 수 있었을 것이다. 여호와는 안식일의 예를 미루어 일찍이 일곱째 해를 안식년으로 삼고 백성이 그 생업에 종사하는 것을 허락하지 않았다.[37] 어떤 이가 먹을 것 없음을 두려워하자, 이에 "나는 여섯째 해에 너를 위해 3년간의 양식을 공급할 것이다"라고 말하였다.[38] 이는 온 세상의 풍흉이 그

---

30 「創世記」37:28 "適有米田商經過, 兄弟援約瑟出阱, 鬻於以實馬利人, 獲二十金. 商遂挈約瑟至埃及."

31 「創世記」41:23-24 "後又見七穗, 生而衰弱萎於東風, 乃七弱穗, 竟吞其七嘉穗, 我曾以此告博士, 惟無人能爲我解之."

32 「創世記」41:29-30 "將有七豐年, 後將有七饑年."

33 「創世記」41:40-41 "爾可治我家, 我民必遵爾言, 惟於其位, 則我尊於爾. 法老謂約瑟曰, 視哉, 我擧爾統治埃及全地."

34 「創世記」41:34 "當七豐年間, 征其地五分之一."

35 「創世記」41:36 "此乃預積之糧, 爲將來埃及地七饑年之用, 免其地以饑而滅也."

36 「創世記」41:57 "緣各地饑甚, 故各地之人, 至埃及, 向約瑟糴穀."

37 「利未記(레위기)」25:4-5 "惟至第七年, 必爲安息於其地, 卽耶和華之安息, 爾毋播爾田, 毋剪伐爾之葡萄園. 穧之自生者, 爾勿穫之. 未治之葡萄, 其實亦勿斂. 蓋此爲地之安息年."

38 「利未記」25:20-22 "爾若問曰, 我儕於第七年, 將何所食乎, 視哉, 我儕不稼亦不斂我之土産矣. 我必於第六年, 增福於爾, 致生三年之實, 第八年, 爾可播種. 然猶食舊實, 以至第九年. 爾可食其舊者, 待新實旣登."

마음속에 있는 것이다. 그는 이미 천지의 주재자이니, 온 세상의 백성은 모두 그의 백성이다. 어째서 기근을 풍년으로 바꾸어 그들을 구하지 않고, 기어코 그들로 하여금 가진 재물을 다하여 요셉에게 가서 쌀을 사게 하여서는 요셉으로 하여금 그 이름을 이루게 하는가? 또 이집트는 아프리카의 동북쪽 한구석의 땅일 뿐이다. 비록 7년의 곡식을 저축한다 하더라도 어찌 온 세상 7년의 기근을 구제할 수 있겠는가? 그것이 믿을 만하지 않다는 것 또한 분명하다. 믿을 만하지 않았기에, 비록 그 교를 받드는 자라 하여도 역시 일곱째 해를 안식년으로 여겨 그 생업을 폐하려 하지는 않았다. 지성(智性)으로써 알 수 있는 것을 그 도가 아닌 것을 가지고 속일 수는 없는 것 아니겠는가!

及導約瑟子摩西出埃及, 欲施奇幻, 以揚其名於普天下。故剛愎法老之心, 使之不肯釋其出境。九變其術, 以困埃及之民, 益出益奇, 及終, 家殺一人, 以及諸畜。以色列族旣出矣, 復使法老追之淹殺其衆於紅海中。耶和華能剛愎法老之心。亦必能和順其心, 何不使之禮遣以色列族, 以全其交, 必困苦其民。終之以虐殺也。夫施幻術以攫大利者, 人猶憎之。況欲殺數萬之衆。以揚其名於普天下。彼所謂魔鬼之虐, 恐亦不至此, 而謂天地造物之主爲之邪。

요셉의 자손인 모세를 이끌어 이집트를 나올 때에는 기이한 환술(幻術)을 부려 자기 이름을 온 천하에 띄워 올리고 싶었다. 그러므로 파라오의 마음을 강퍅하게 하여 그로 하여금 모세의 출국을 허락하지 않게 하였다.[39] 그 환술을 아홉 번 바꾸어 이집트 백성을 곤란케 하였는데, 그 환술이 나올수록 더욱 기괴하니, 마지막에 이르러서는 집집마다 사람 하나와 가축 여럿을 죽

---

39 「出埃及記(출애굽기)」 7:13 "然法老之心, 剛愎而不之德, 如耶和華所言."

였다.[40] 이스라엘 민족이 탈출한 후에 다시 파라오로 하여금 그들을 추적케 하여서는 그 무리를 홍해 속에 익사시켰다.[41] 여호와는 파라오의 마음을 강퍅하게 할 수 있으니 틀림없이 그 마음을 온화하고 순하게도 할 수 있을 것인데, 어째서 그로 하여금 이스라엘 민족을 예(禮)로써 보내어 그 사귐을 온전히 하도록 하지 않고, 기어코 그 백성을 고통스럽게 하고 그 백성을 곤고(困苦)하게 하며 학살로 끝내는가? 환술을 베풀어 큰 이익을 얻는 자는 사람이어도 미워할 텐데, 하물며 (여호와는) 수만이나 되는 사람을 죽여 자기 이름을 온 천하에 드높이고자 하니, 그가 말하는 마귀의 잔악(殘惡)함이라도 아마 이에 이르지는 않을 것이다. 그런데 천지의 조물주라고 하면서 그런 짓을 하다니!

獨十戒中敬父母與戒殺貪盜淫, 蓋得我道之一端, 然彼能言之而已。其所必行, 則在罪拜他神與事偶像與不信己者。故亞倫作金牛而拜之, 則罰之。隣國事他神, 則滅之。哥喇輩逆己, 使地吞之。以色列之二女不嫁, 姊妹相謀, 醉其父代與之同寢。其旣寡之媳, 帽面僞妓, 以與舅淫。皆公然産子。其可醜甚於禽獸而未嘗罰之。是縱淫, 且許慢父母也。

---

40 「出埃及記」7:14-10:23 "耶和華謂摩西曰, 法老心已剛愎, 不肯釋民以去, 詰朝爾就法老, 視哉, 彼將出臨河, 爾佇河濱逆之, 手持昔變蛇之杖. 爾必告之曰, 希伯來人之神耶和華, 遣我見爾云, 釋我民往, 俾事我於野, 視哉, 迄今爾猶不聽. 耶和華如是云, 緣斯事, 爾必知我乃耶和華, 視哉, 我以手執之杖擊河水, 水必變血, 河內之魚必斃, 其河惡臭, 埃及人將厭飮河內之水.……耶和華諭摩西曰, 爾擧手向天, 使埃及地暗, 其暗者甚至可捫也, 摩西擧手向天, 遍埃及地幽暗三日. 三日間彼此不得相見, 無離己所而起者. 惟以色列嗣宅內悉有光." 12:29 "適夜半, 凡埃及首出者, 耶和華擊之. 自居位法老所首出, 至獄中俘囚所首出. 以及諸畜所首出."

41 「出埃及記」14:4 "我將剛愎法老之心, 致其追以色列嗣, 我則因法老與其全軍而獲榮, 俾埃及人知我爲耶和華. 衆遂遵行如是." 14:26-28 "耶和華諭摩西曰, 措手於海上, 使水復合, 淹埃及人, 及其車其騎. 摩西措手於海, 旣旦海復洶湧, 埃及人逆水而奔, 耶和華乃擲埃及人於海中. 其水回流, 覆沒車騎與法老之軍旅, 衆追入海者致無有一遺焉."

오직 십계(十戒) 중 "부모를 공경하고 살인과 탐욕과 도둑질과 음행을 경계하라"[42]는 아마도 우리 도(道)의 일단(一端)을 얻은 후 그가 그것을 말할 수 있었으리라. 그 반드시 행하는 바는 다른 신을 숭배하고 우상을 섬기며 자기를 믿지 않는 자를 벌하는 데에 있다. 그러므로 아론이 금송아지를 만들어 숭배하자 그를 벌했다.[43] 이웃 나라에서 다른 신을 섬기면 그 나라를 멸했다. 고라의 무리가 자기를 거스르자 땅이 그들을 삼키게 하였다.[44] 이스라엘의 두 딸은 시집가지 않고 있다가 자매가 공모하여 그 아버지를 술 취하게 하고서는 번갈아 그와 동침하였다.[45] 과부가 된 며느리는 얼굴에 너울을 쓰고 창녀로 위장하여 시아버지와 음행을 행했다.[46] 모두가 공공연하게

---

42 「出埃及記」20:12-15 "爾宜敬爾父母, 致爾日可長在爾神耶和華所賜爾之地. 爾毋殺人. 爾毋姦淫. 爾毋偸竊."

43 「出埃及記」32:2-10 "亞倫謂之曰, 爾曹妻與子女垂耳之金環, 爾斷而攜之與我. 衆民遂斷其爾之金環, 攜之與亞倫, 亞倫自其手納之, 鑄爲犢, 以椎鑿刻而像之.……爾今任我, 我怒甚烈, 盡滅斯民, 使爾成爲大國."

44 「民數紀略(민수기)」16:31-33 "此諸言言竟, 則彼衆所踐之土分裂. 地果張口呑之, 與其屋, 及凡屬可喇之人, 倂其諸業. 其諸人與凡屬之者, 生陷坎阱, 而後地復闔於其上, 致其滅於會中."

45 「創世記」19:30-38 "羅得懼居瑣耳, 故偕二女離瑣耳而居於山, 遂與二女同處巖穴. 長女謂季女曰, 吾父已老, 天下無人偶我, 以循人道, 莫若飮父以酒, 後與同室, 致由吾父, 以存後裔. 是日以酒飮父, 長女與父同室, 惟父不覺其寢興. 次日, 長女謂季女曰, 我昨宵與父同室, 今夕仍以酒飮之, 爾入與同室, 致由吾父以存後裔. 是夕亦以酒飮父, 季女起而同室, 父亦不覺其寢興. 於是羅得之二女, 由父而孕. 長女生子名摩押, 卽今摩押族之祖. 季女亦生子, 名便亞米, 卽今亞押族之祖." 이것은 이스라엘(야곱)의 두 딸이 아니라 롯(아브라함의 조카)의 두 딸의 이야기다. 죄로 인해 여호와께서 소돔을 멸망시킬 때, 아브라함의 조카 롯은 두 딸과 피신해서 목숨을 부지할 수 있었다. 두 딸이 자식을 갖기 위해 아버지를 술취하게 하여 차례로 잠자리를 가져서 각각 모압과 벤암미(암몬의 조상)를 낳았다.

46 「創世記」38:14-18 "大馬見示拉已長, 己未嫁之爲妻, 故去釐服, 以帕蒙面蔽體, 坐於亭訥道旁二泉之處. 猶大見之, 以其蒙面意爲妓婦. 遂於道旁就之, 曰, 來, 請容我與爾同室, 蓋不知爲子婦也. 對曰, 爾以何予我, 致容爾與我同室乎. 曰, 吾於羣中以山羊之羔遺爾. 曰, 爾肯與我質以待遺至乎. 曰, 爾欲何質. 曰, 爾印與綬, 及手執之杖. 遂予之, 而與同室. 婦由是懷孕." 이것은 야곱의 넷째 아들 유다가 며느리 다말을 창녀로 알고 잠자리를 한 이야기다. 유다에게는 엘, 오난, 셀라가 있었는데, 엘이 다말과 결혼했으나 죽자 형사취수 풍습에 따라 오난과 결혼했지만 오난마저 죽는다. 유다는 며느리 다말을 친정에 보내서 셀라가 성장할 때까지 기다리게 했다. 그러나 유다가 셀라가 장성해도 결혼시켜주지 않자 다말이 유다가 오는 길에 창녀로 위장해서 관계를 하고 자신의 정당성을 주장한 이야기다.

자식을 낳았다. 그 추함이 금수보다 심하지만 그들을 벌한 적이 없다. 이는 음탕한 짓을 하도록 내버려두고 또 부모를 기만하도록 허락한 것이다.

摩西之出埃及也, 使之掠其金銀器皿, 是誨盜也。其導摩西滅隣國也, 使國人獻其所掠五十分之一, 及其初出之子與畜, 而其子與羔, 則以金贖還之。是不唯不戒貪, 己先自貪以導之也。淹殺其所憎者二, 一以浩水, 一以海潮。及摩西滅敵國, 又命之盡戮其民, 其好殺, 孰大於此哉。

모세가 이집트를 탈출할 때, 그로 하여금 이집트의 금과 은으로 된 기명(器皿)을 약탈케 하였으니,[47] 이는 도둑질을 가르친 것이다. 모세를 이끌어 이웃나라를 멸하게 하면서, 나라 사람들(國人)로 하여금 그 약탈한 것의 50분의 1 및 그 맏아들과 (짐승의) 맏배를 바치도록[48] 하자, (나라 사람들은) 그 아들과 새끼 양 대신 금으로써 속환(贖還)하였다. 이는 탐(貪)함을 경계하지 않은 것일 뿐 아니라, 자기가 먼저 스스로 탐함으로써 그들을 이끈 것이다. 그 미워하는 이들을 익사시킨 것이 두 번인데, 한번은 홍수로써 하였고 또 한번은 해조(海潮)로써 하였다. 모세가 적국을 멸함에 이르자 또 그에게 명하여 그 백성을 모두 살육케 하였다. 누가 이보다 더 죽이기를 좋아하겠는가!

通考其書, 蓋挪亞者始事天神。其敷衍之則胚於亞伯拉罕, 而成於摩西。摩西姦雄, 張皇耶和華威福, 以蠱惑民心, 然後以兵加之。敵國未可擊則曰, 耶和華不許。見其可乘則曰, 耶和華導之。偓然思拓其境。是以其書未嘗及他族而其所記之地, 止於亞西亞阿非利加邊隅之堺。是其明證也。

---

47 「出埃及記」11:2 "汝今言於民之耳, 使男各向其鄰, 女各向其鄰, 索金之器皿, 銀之器皿."

48 「出埃及記」13:1-2 "以色列嗣中, 無論人與畜, 凡初胎首出者, 皆別之爲聖於我, 是乃屬我也."

그 책 전체를 살펴보면, 대개 노아라는 이는 처음에 요신(妖神)을 섬겼다. 그것을 부연한 즉 아브라함에서 시작되어 모세에게서 완성되었다. 모세는 간웅(姦雄)이며, 여호와의 위복(威福)을 과장하여 민심을 유혹하고는 그런 후에 무기를 들이대었다. 적국을 아직 쳐부술 수 없으면 "여호와께서 허락하지 않으신다."라고 말했고, (쳐부술) 틈을 탈 수 있음을 알게 되면 "여호와께서 이끄신다"라고 말했다. 흡사 그 국경을 넓히려는 것 같다. 그러므로 그 책은 다른 민족을 언급한 적이 없으며 그것이 기록하고 있는 땅은 아시아 아프리카 변경의 귀퉁이 땅에 그친다. 이는 그 명확한 증거이다.

人之立於世也, 父生之, 君牧之, 二者之恩莫大焉。聖人立所以報之之道, 曰
忠, 曰孝。推孝以擴之, 自齊功緦麻[49], 以至無服之親, 皆親之愛之。推忠以擴
之, 自卿士大夫, 以至府史胥徒, 皆敬之貴之。猶以爲未足也, 又推之以至四
海。凡橫目之民, 與我同類者, 莫不撫恤焉。而後人各得其所, 而天下平。故
生民之道, 唯忠孝爲大矣。

사람이 세상에 서는 것은 부모가 낳고 주군이 기르기 때문이니 이 둘의 은
혜보다 큰 것은 없다. 그에 보답하기 위해 성인이 세운 도(道)는 충(忠)과 효
(孝)이다. 효를 미루어 확대하여, 가까운 친척부터 먼 친척까지 모두 친히
지내고 사랑한다. 충을 미루어 확대하여, 경사(卿士)와 대부(大夫)로부터 부
사(府史)와 서리(胥吏)[50]에 이르기까지 모두 공경하고 귀하게 여긴다. 그래도
여전히 충분치 않다고 여겨서 다시 사해(四海)까지 미루어 간다. 무릇 백성
으로서 나와 동류(同類)인 자를 무휼(撫恤)하지 않음이 없으면, 후인이 각기
그 자리를 얻고 천하가 평화롭다. 그러므로 생민(生民)의 도는 오직 충효만

---

49 『禮記』「學記」 "師無當於五服, 五服弗得不親."에 대한 鄭玄의 注 "五服, 斬衰至緦麻之親."
　　에 대한 孔穎達의 疏에서 "五服: 斬衰也, 齊衰也, 大功也, 小功也, 緦麻也."라고 하였다. 오복
　　은 다섯 등급의 喪服이다. 참최는 3년, 자최는 1년, 대공은 9개월, 소공은 5개월, 시마는 3개월
　　을 입는다. 상복의 종류로서 친소관계를 나타낸다.

50 부사와 서리는 모두 하급 관리이다.

이 크다.

猶太國有耶蘇基督者, 祖述耶和華之敎, 以君父爲假, 其眞君眞父則在天。耶和華是己, 而己卽其愛子。天主特降己以救世。故愛己卽愛天主, 而天主賜之不死之榮, 不弊之冠矣。

유대국에 예수 그리스도라는 이가 있어 여호와의 교(敎)를 조술(祖述)[51]하는데, 주군과 부모는 가짜이고, 그 진짜 주군과 진짜 부모는 하늘에 있다고여긴다. 여호와는 곧 자기이고, 자기가 곧 그의 사랑하는 아들이다. 천주가 특별히 자기를 내려주시어 세상을 구한다.[52] 그러므로 자기를 사랑하는것이 곧 천주를 사랑하는 것이며, 천주는 불사의 영광[53]과 시들지 않는 관(冠)[54]을 하사한다.

何以謂君父假也。父母能與我肉身, 而不能與我靈。君能死生我肉身, 而不能死生我靈。肉身假也, 靈眞也。尊眞卑假, 天之道也。故其設敎也, 使人疏其父, 女疏其母, 婦疏其姑。然知骨肉之愛不可得而絶也, 又粗以愛父母立

---

51 선인(先人)이 말한 바를 근본으로 하여 서술하고 밝히는 일이다.

52 「約翰傳福音書(요한복음)」3:17 "蓋神遣其子於世, 非以罪世, 乃欲使世由之得救."

53 「馬太傳福音書(마태복음)」19:29 "凡爲我名, 而離屋宇, 或兄弟, 或姊妹, 或父, 或母, 或妻, 或子, 或田疇者, 必受百倍, 且嗣永生, 然多有先者將爲後, 而後者將爲先也." 25:46 "此人必往入永刑, 惟義者入永生焉."
「馬可傳福音書(마가복음)」10:29-30 "耶穌答曰, 我誠告爾, 爲我及福音, 離屋宇, 或兄弟, 或姐妹, 或父, 或母, 或妻, 或子, 或田畝者, 未有不於今時, 在斯世獲百倍, 卽屋宇, 兄弟, 姐妹, 母子, 田畝, 然亦有迫害, 而來世永生矣.";「約翰傳福音書」3:15-16 "致凡信之者, 免沉淪而得永生, 蓋神愛世甚至以其獨生之子賜之, 俾凡信之者, 免沉淪而得永生." 5:24 "我誠實告爾, 聽我言, 而信遣我者, 得永生, 而不至於定罪, 乃已出死入生也." 6:47 "我誠實告爾, 信我者, 有永生." 17:2-3 "如爾旣以制凡有血氣者之權賜子, 致子以永生賜於爾之凡所賜於彼之人. 夫永生者, 無他, 卽知爾獨一眞神也, 及耶穌基督, 爾所遣者也."

54 「使徒彼得前書(베드로전서)」5:4 "則牧長顯著時, 爾將得有榮不敝之冠冕矣."

說。而恐其愛之過於愛己, 乃又曰, 愛父母過於我, 不宜乎我。愛其子女過於我, 不宜乎我。

어째서 주군과 부모를 가짜라 하는가? 부모는 나의 육신을 줄 수 있으나 나의 영(靈)을 줄 수는 없다. 주군은 나의 육신을 죽이고 살릴 수 있으나 나의 영을 죽이고 살릴 수는 없다. 육신은 가짜이고 영은 진짜이다. 진짜를 높이고 가짜를 낮추는 것은 하늘의 도이다. 그러므로 그 교(敎)를 세움에 사람으로 하여금 그 부모와 소원(疎遠)하게 하고 딸로 하여금 그 어미와 소원하게 하며 며느리로 하여금 시어머니와 소원하게 한다. 그러나 골육의 사랑을 끊을 수는 없음을 알기에 다시 조잡하게 부모에 대한 사랑으로써 주장을 갖춘다. 그러나 그 사랑이 예수 자신에 대한 사랑을 넘어설까 두려워하여 다시 이렇게 말한다. "아버지나 어머니를 나보다 더 사랑하는 사람은 나에게 합당하지 않다. 아들이나 딸을 나보다 더 사랑하는 사람도 나에게 합당하지 않다."[55]

耶蘇方與衆語, 其母與兄弟立於外, 欲與之語, 或告之。耶蘇曰, 何者爲我母。何者爲我兄弟。盖欲示其徒以至公, 而不知自陷於悖逆也。其徒有父死者, 請往葬之。耶蘇不許, 曰, 爾從我。任夫死者, 葬其死者。言父與葬父者, 同期於盡, 爾從我, 則其靈永不死也。

예수가 바야흐로 뭇사람들과 이야기하는 중에 그 어머니와 형제가 바깥에 서 있다가 그와 이야기하고자 하니 어떤 이가 예수에게 알렸다.[56] 예수가

---

55 「馬太傳福音書」10:37 "愛父母過於我者, 不宜乎我也, 愛子女過於我者, 不宜乎我也."
　　「路加傳福音書(누가복음)」14:26 "凡就我而不過於愛父母, 妻子, 兄弟, 姊妹, 與己生命者, 不得爲我徒."
56 「馬太傳福音書」12:46-47 "耶穌語衆時, 其母及兄弟立於外, 欲與之言, 或告之曰, 爾母及兄

말했다. "누가 내 부모인가? 누가 내 형제인가?"[57] 아마 그 무리에게 자신의 지극히 공평함을 보여주고 싶었을 것이나 스스로 인륜을 거스른 것은 모른다. 그 무리 중에 아버지가 죽은 이가 있어, 가서 장사 지내기를 청했다. 예수는 허락하지 않고 이렇게 말했다. "너는 나를 따르라. 죽은 이들의 장사는 죽은 이들이 지내도록 내버려두어라."[58] 아버지나 그 아버지를 장사 지내는 이나 어차피 죽는다는 것은 같으니, 네가 나를 따르면 그 영은 영원히 죽지 않는다고 말한 것이다.

至君人者, 則眇然邈視之, 未嘗說所以事之之道。不唯未嘗說所以事之之道, 國君有不信己者, 稱之爲敵, 必欲克之以令服從於己。而讎視稅吏, 與盜賊同。溯其源則是讎視其君也。蓋彼自稱爲天主之子, 則天下無尊於己者。其蔑視人主固宜。故其徒士北拉魯, 苔諭己拜王者曰, 我不知地下王與神, 唯崇拜在天上帝。我以大道所積之金, 輸稅與王, 尊之爲主, 而不向之屈膝。是以輸稅爲主, 爲己施恩於君也。

주군에 대해서는 작은 듯 업신여겨, 주군을 섬기는 도(道)를 말한 적이 없다. 주군을 섬기는 도를 말한 적이 없을 뿐만 아니라, 나라의 임금(國君) 가

弟立於外, 欲與爾言."

「馬可傳福音書」3:31-32 "時其兄弟與其母至, 立於外, 遣人就而呼之. 衆環坐, 或告之曰, 爾母及爾兄弟, 在外尋爾. 耶穌答之曰, 何者爲我母, 爲我兄弟乎.";「路加傳福音書」8:19-20 "時耶穌之母, 及兄弟至, 以人衆故, 不得近. 或告之曰, 爾母及兄弟立於外, 欲見爾."

57 「馬太傳福音書」12:48 "乃答告之者曰, 何者爲我母, 何者爲我兄弟乎."
「馬可傳福音書」3:33 "耶穌答之曰, 何者爲我母, 爲我兄弟乎."
「路加傳福音書」8:21 "耶穌答之曰, 我母及我兄弟, 乃聽神道而行之者也."

58 「馬太傳福音書」8:21-22 "又有一門徒謂之曰, 主, 容我先往葬父. 耶穌謂之曰, 爾從我, 任夫死者葬其死者."
「路加傳福音書」9:59-60 "又語一人曰, 從我, 曰, 主, 容我先往葬我父. 耶穌曰, 任夫死者葬其死者, 爾往, 宣神之國."

운데 자기를 믿지 않는 자가 있으면 그를 적(敵)이라 부르면서 반드시 그를 이겨 자기에게 복종케 하려 했다. 그리고 세리(稅吏)를 원수 보듯 하고 도적과 같이 취급했다. 그 기원을 거슬러 올라가면 그 주군을 원수처럼 보는 것이다. 아마도 그는 천주의 아들이라 자칭하였으니, 천하에 자기보다 존귀한 자는 없을 것이다. 그가 인주(人主)를 멸시하는 것도 참으로 당연한 것이다. 그러므로 그 제자인 사북랍로(士北拉魯)[59]는 왕에게 절하라고 자기에게 깨우쳐주는 사람에게 "나는 지상(地上)의 왕과 신(神)은 모르고 오직 하늘에 계신 상제(上帝)[60]에게만 받들어 절한다. 나는 정당하게 번 돈으로 왕에게 세금을 내어 그를 주인으로서 존중하지만, 그에게 무릎 꿇지는 않는다."라고 답하였다. 이는 세금 납부를 주(主)라고 여기는 것으로서, 자기가 임금에게 은혜를 베푼다고 여긴 것이다.

嗚呼。聖人以忠孝立敎, 當道之不行也。猶有弒君與父者焉。今也以君父爲假, 別有眞君眞父尊於君父者, 以耶蘇之故。獲罪於假君父, 眞君父深愛之, 爲之增天上之榮。其受罪益甚, 榮之益大。以此導民, 民無復所畏憚。凡可以利己者, 何事不爲。是以奉其敎者, 寧背君父, 不敢違耶蘇之敎。寧害肉身百年之命, 不敢失天上無窮之榮。蠱惑至此, 刑罰不足以威之, 爵祿不足以勸之。爲之君父者, 不亦難乎。

오호라. 성인이 충효로써 교를 세운 것은 도가 행해지지 않음을 당했기 때문이었다. 그런데도 여전히 주군과 부모를 시해하는 자가 있었다. 지금 주군과 부모를 가짜라고 여기고, 따로이 진짜 주군과 진짜 부모가 있어 주군

---

59 원문에 가나로 'セホラリグ'라고 독음이 표기되어 있으나 누구를 가리키는지 알 수 없다.

60 『변망』 전체에서 하나님을 가리키는 표현으로 '상제(上帝)'가 사용된 것은 이곳이 유일하고, '사북랍로(士北拉魯)'의 정체도 모호하다. 저자가 주로 사용한 한역 성서와는 다른 자료를 이용한 것으로 보인다.

과 부모보다 존귀하다고 여기는 것은 예수 때문이다. 가짜 주군과 부모에게 죄를 얻으면 진짜 주군과 진짜 부모가 깊이 그를 사랑하여 그를 위해 천상의 영광을 더 키워준다. 그 죄받음이 심할수록 영광은 더 커진다. 이런 것으로써 백성을 이끄니 백성은 다시는 두려워하거나 꺼리는 바가 없다. 무릇 자기를 이롭게 할 수 있는 것이면 무엇을 하지 않겠는가. 그리하여 그 교를 받드는 자는 차라리 주군과 부모를 배신할지언정 감히 예수의 교를 위배하지는 않는다. 차라리 육신의 백 년 수명을 해칠지언정 감히 천상의 무궁한 영광을 잃지 않는다. 고혹(蠱惑)이 이에 이르면 형벌로도 위협하기 부족하고 작록(爵祿)으로도 권면하기 부족하다. 그들의 주군과 부모 노릇 하기 또한 어렵지 않겠는가?

孔子曰, 未知生, 焉知死[61]。夫死者聖人所不敢質言, 而賢者所不知也, 而耶蘇鑿鑿言之, 如說曾游之地。假令其言信, 其所言永生不死者, 非獨謂靈邪。靈之知覺主於肉身。故口之於味, 目之於色, 耳之於聲, 鼻之於臭, 四體之於安逸, 物先與之接, 而後靈始能知之。耶蘇雖以肉身爲冥頑無知者。亦未能耳言而目聽。肉身旣壞, 物無所接, 則五欲七情, 固無所動也。而述其敎者, 猶强說之曰, 夢有苦樂。則靈亦必有苦樂矣。不知夢之所感, 亦因肉身而發。世未有夢首行而足執者, 何則。肉身所必無, 夢亦不至也。然則情欲因肉身而動, 苦樂從情欲而生。靈旣與肉身離, 則其無苦樂亦明矣。雖則耶蘇不能誣靈以情欲。故亦曰, 由死之復生者, 則不娶不嫁。飮食男女, 人之大欲存焉[62]。靈旣不娶不嫁, 則亦必不飮不食, 何有於其餘哉。然則不弊之冠, 我亦何榮, 不滅之火, 我亦何畏。耶蘇果天主之子。能福佞己者而禍愛其君父過於己者。我寧爲魔鬼。不能爲不忠不孝之人矣。

---

61 『論語』「先進」 "未知生, 焉知死."
62 『禮記』「禮運」 "飮食男女, 人之大欲存焉."

공자(孔子)는 "삶도 모르는데 어찌 죽음을 알겠는가?"라고 하였다. 죽음이란 것은 성인(聖人)도 감히 솔직히 말하지 못한 것이고 현자(賢者)도 모르는 바이지만 예수는 분명하게 말하고, 마치 가 본 적이 있는 곳인 것처럼 말한다. 가령 그 말이 믿을 만하다면, 그가 말한 영생불사(永生不死)라는 것은 영(靈)만을 말하는 것이 아니다. 영의 지각(知覺)은 육신에 의해 주도된다. 그러므로 맛과 입의 관계, 눈과 색의 관계, 귀와 소리의 관계, 코와 냄새의 관계, 사지(四肢)와 편안함의 관계는 물(物)이 먼저 그것과 접한 후에야 영이 비로소 그것을 아는 것이다. 예수는 비록 육신을 어둡고 완고하며 무지(無知)한 것이라고 여겼음에도, 역시 귀로 말하거나 눈으로 듣지는 못했다. 육신이 무너지고 나면 물(物)은 접할 곳이 없으니, 오욕(五欲)과 칠정(七情)은 애초에 발동할 곳이 없다. 그러나 그 교(敎)를 조술(祖述)하는 자는 그래도 여전히 "꿈에 고락(苦樂)이 있으면, 영에도 반드시 고락이 있다"라고 억지로 말한다. 꿈이 느끼는 바 역시 육신으로 인해 발(發)하는 것임을 모른다. 세상에 머리로 걷고 발로 잡는 꿈을 꾼 이는 없다. 어째서인가? 육신에 전혀 없는 것은 꿈에도 나타나지 않기 때문이다. 그런즉 정욕(情欲)은 육신으로 인해 발동하고 고락은 정욕으로부터 생겨난다. 영이 이미 육신과 분리되고 나면 거기에는 고락이 없음도 분명하다. 비록 예수라 하더라도 정욕을 가지고 영을 무고(誣告)할 수는 없다. 그러므로 또 말한다. "죽었다 다시 살아난 사람은 장가가거나 시집가지 않는다."[63] 먹고 마시는 일과 남녀 간의 일에는 인간의 큰 욕망이 존재한다. 영은 이미 장가가거나 시집가지 않으니, 틀림없이 먹지도 마시지도 않는다. 그 나머지야 무엇이 어렵겠는가! 그런즉 시들지 않는 관(冠)을 내가 또 어찌 영광스러워 할 것인가. 꺼지지 않는 불을 내

---

[63] 「馬太傳福音書」22:30 "夫復生時, 不娶不嫁, 乃如神之使者在天."

「馬可傳福音書」12:25 "蓋自死復生時, 不娶不嫁, 乃如在天之使者."

「路加傳福音書」20:34-36 "耶穌答之曰, 斯世之人, 有娶有嫁, 惟堪以得彼世, 及得由死之復生者, 則不娶不嫁, 亦不復死, 乃爲如天使, 亦爲神之子, 是復生之人也."

가 또 어찌 두려워할 것인가. 예수는 과연 천주의 아들이라, 자기에게 아부하는 이에게 복을 주고 그 주군과 부모를 자기보다 사랑하는 이에게 화(禍)를 준다. 나는 차라리 마귀가 될지언정 불충불효한 사람이 될 수는 없다.

辨妄三
변망 3

耶蘇流血, 以贖世人之罪, 旣刑三日復蘇, 白日昇天。此亦其徒捏造之言耳。
當耶蘇之時, 南有浮屠, 北有喇馬。皆製偶像以神事之, 其教甚盛。耶蘇年少
氣銳, 以活神壓之, 欲一掃二教以歸己。觀其書所載, 皆與二氏爭競之事。故
其言曰, 我之來也, 非致平, 乃興戎耳。又唱受苦增榮之說, 以固其徒之心,
相助以排之。持之堅, 辨之疾。是以二教之徒, 憎之如鬼蜮。而其徒又過尊耶
蘇陰稱之爲王, 或欲遂推之以爲王。故王其地者亦忌之。此其所以釘於十字
架也。

예수는 피를 흘려 세인의 죄를 대속하였고, 형을 받은 지 사흘 후에 다시 살
아나 대낮에 승천하였다. 이 역시 그 제자들이 날조한 말이다. 예수 당시에
남쪽에는 부처가 있었고, 북쪽에는 로마가 있었다. 모두 우상을 만들어 신
으로 섬겼는데 그 교가 매우 성행하였다. 예수는 젊고 기백이 날카로웠기
에, 살아 있는 신으로써 그것들을 누르고 두 교를 일소하여 자기에게 귀의
하게 하고자 하였다. 그 책에 실린 바를 보면 모두 이씨(二氏)[64]와 경쟁한 일
이다. 그러므로 그 책에서 이렇게 말한다. "나는 평화를 이루려 온 것이 아
니라 싸움을 일으키려 왔다."[65] 또 고난을 받으면 영광이 늘어난다는 설을

---

64 부처와 로마.

65 「馬太傳福音書」10:34-36 "勿意我來致平於地, 我來非致平, 乃致興戎耳, 蓋我來使人疏其

주창하여 그 제자들의 마음을 굳게 하고, 서로 도와 (부처와 로마) 두 교를 배척하게 하였다. 입장을 굳게 지니고 말싸움을 잘했다. 그러므로 두 교의 신도는 그를 귀역(鬼蜮)[66]과 같이 미워하였다. 그리고 그 제자들은 또 예수를 지나치게 받들어 암암리에 왕이라고 칭하였고, 마침내 그를 왕으로 추대하고자 하기도 하였다. 그러므로 그 땅의 왕[67] 역시 그를 시기하였다. 이것이 그가 십자가에 못박힌 까닭이다.

耶蘇若欲殺身以贖罪, 臨將刑之夕, 當坦然無所憂慽而心爲之忡忡。終夕不能寢, 喚起其徒, 强與之語。況其死成於猶太利三十兩銀而賣之, 非耶蘇自就之也。耶蘇不知猶太將賣己, 擇之充十二使徒之數。其不智甚矣, 又焉知流己血之可以贖衆罪哉。

예수가 만약 살신(殺身)하여 대속(代贖)하고자 하였다면 형을 받기 전날 저녁에는 당연히 평안하여 우려와 고민이 없어야 하고 마음도 그로 인해 걱정이 없어야 한다. 그러나 밤새도록 잠들지 못하고 그 제자들을 소리쳐 깨워 억지로 그들과 이야기하였다. 하물며 그 죽음은 유다가 은(銀) 30냥의 이익에 그를 판 것이지, 예수가 스스로 죽임을 당한 것이 아니다. 예수는 유다가 장차 자기를 팔려 한다는 것을 모르고 그를 선택하여 열두 제자의 수를 채웠다. 그 지혜롭지 못함이 심하니, 자기의 피흘림이 뭇사람들의 죄를 대속할지는 또 어찌 알았겠는가?

父, 女疏其母, 婦疏其姑, 而人之敵, 卽己之家人也."
「路加傳福音書」12:51-53 "爾以爲我來, 施和平於世乎. 我謂爾不然, 轉分爭耳. 今而後, 一家五人將分爭, 三爭二, 二爭三, 父爭子, 子爭父, 母爭女, 女爭母, 姑爭婦, 婦爭姑焉."
66 귀신과 물잠자리. 어둠 속에서 사람을 해치는 존재. 음험한 사람의 비유이다.
67 헤롯 대왕이다.

至既死而復蘇與其徒相見, 顯與其所曾說相戾。夫耶蘇所云永生不死者, 特謂其靈耳。若肉身則一壞不可得而復。耶蘇以此誘其徒, 而獨自蘇其身。豈非貴肉身以賊其靈邪。且耶蘇將昇天, 天也者空而已。卽能蘇肉身將何所著足。天之不須肉身亦明矣。故耶蘇之將死也, 大聲喊曰, 父乎, 兒挖靈魂交父。何曾言交肉身也。假令耶蘇欲且蘇肉身以顯其神, 宜廣與世人相接使之益信其教, 而獨與其徒及所善諸老婆語。世人固不得不疑其誕。何耶蘇之不通人情也。此皆掩耳盜鈴之類, 欲蔽益露。

죽고 난 후 다시 살아나 그 제자들과 만난 것은 분명 일찍이 말했던 바와 서로 어긋난다. 예수가 말한 영생불사란 그저 그 영(靈)을 말했을 뿐이다. 만약 육신이라면 한번 무너지면 다시 회복할 수 없다. 예수는 이런 말로써 그 신도들을 유혹해 놓고는 자기만 그 육신을 되살렸다. 어찌 육신을 귀히 여기고 그 영을 해치는 것이 아니겠는가? 또 예수가 장차 승천하려 하였으나 천(天)이라는 것은 허공(空)일 뿐이다. 그러니 육신은 장차 어디에 발을 붙일 것인가. 천이 육신을 필요로 하지 않음도 분명하다. 그러므로 예수가 장차 죽으려 할 때 큰소리로 외쳐 "아버지, 내 영을 아버지께 맡깁니다."[68]라고 하였다. 언제 육신을 맡긴다고 말한 적이 있었던가. 가령 예수가 육신(肉身)을 되살려 그 신(神)을 드러내려 했다면, 마땅히 널리 세인들과 접하여 그들로 하여금 그 교를 더욱 믿게 하여야 했으나, 오직 그 제자 및 좋아하는 노파들과만 말했다. 세상 사람들은 당연히 그 망녕되고 괴탄함을 의심하지 않을 수 없다. 어떠한가 예수의 인정(人情)에 통하지 않음이. 이는 모두 귀를 막고 방울을 훔치는 것과 같은 것이니, 가리고자 할수록 더욱 드러난다.

耶蘇死三日, 土人見其冢發而無屍, 以爲其徒盜之者, 盖得其實也。耶蘇旣

---

68 「路加傳福音書」23:46 "耶穌大聲呼曰, 父歟, 我以我靈託爾矣, 言竟, 氣絶."

戮死, 推其徒之情, 必恐世人輕其教。於是唱流血贖罪之說, 竊取其屍, 稱爲
復生。猶恐人不信之也, 又引豫言而證之。初耶和華之諭亞倫以踰越節之例
也。曰, 爾必食之於一室之內。毋少携其肉出於室外。爾亦毋折其一骨。耶蘇
之就戮, 與二盜同釘於十字架。其明日爲踰月節, 吏命速收其屍。二盜未死,
乃折其足骨。耶蘇旣死, 故不折其骨。遂引耶和華毋折骨之言, 以爲預言耶
蘇代衆贖罪之事。然耶和華所云其肉其骨, 謂踰月節之羔耳。若以爲不折耶
蘇骨之證, 則誰又食其肉於室內也。孟子曰, 遁辭知其所窮。我於耶蘇徒乎
見之矣。

예수가 죽은 후 사흘 만에 현지인들이 그 무덤이 열려 있고 시체가 없음을
보고서는 그 제자들이 시신을 훔쳐갔다고 여겼는데, 아마 진짜로 그럴 것이
다. 예수가 죽임을 당한 뒤 그 제자들의 사정을 미루어 보면, 세상 사람들
이 그 교를 가벼이 여길까 두려웠을 것이 틀림없다. 이에 피흘려 속죄한다
는 설을 주창하고, 그 시체를 훔쳐 가고서는 다시 살아났다고 말했다.[69] 여
전히 사람들이 믿지 않을까 두려웠기에, 또 예언을 끌어다가 증명하였다.
처음에 여호와가 아론에게 유월절(踰越節)을 알려준 예이다. "어느 집이든
한 집에서 먹어야 한다. 고기를 집 밖으로 가지고 나가면 안 된다. 뼈를 부
러뜨려서도 안 된다."라고 하였다.[70] 예수가 죽임을 당할 때 두 도둑과 함
께 십자가에 못 박혔다. 그다음 날이 유월절이었기에, 관리는 속히 그 시신
을 거두라고 명하였다. 두 도둑이 아직 죽지 않았기에 그 발의 뼈를 부러뜨
렸다. 예수는 이미 죽었기에 그 뼈를 부러뜨리지 않았다. 마침내 여호와가
뼈를 부러뜨리지 말라고 한 말을 끌어다가, 예수가 무리를 대신하여 속죄한

---

69 「馬太傳福音書」 28:11-15 "婦去時, 有守者入城, 以凡所歷者, 報祭司諸長. 彼與長老, 集而
共議, 以多銀給兵曰, 爾可云, 我儕寢時, 其門徒夜來竊之, 倘此聞於方伯, 我儕卽勸之, 使爾
無虞. 於是, 卒受銀, 而行如所囑, 故斯言徧揚猶太人中, 至於今日."

70 「出埃及記」 12:46 "爾必食之於一室之內, 爾毋少攜其肉出於室外, 爾亦毋折其一骨."

일을 예언한 것이라 여겼다. 그러나 여호와가 말한 바 그 고기와 그 뼈는 유월절의 새끼 양을 두고 말한 것이다. 만약 예수의 뼈를 부러뜨리지 않은 증거라고 여긴다면, 누가 또 그 살을 집안에서 먹겠는가? 맹자(孟子)는 "둘러대는 말(遁辭)에서는 그 궁색한 바를 안다."[71]라고 하였다. 나는 예수의 제자들에게서 그런 것을 본다.

---

71 『孟子』「公孫丑上」 "遁辭知其所窮."

辨妄四
변망 4

衒奇幻以蠱人心, 卑君父而尊其神, 輕生前之道而重事後之福, 天堂以誘之, 地獄以恐之, 耶蘇與浮屠同。其不同者, 耶蘇獨不說輪迴而已。佛之行於我久矣, 何必防耶蘇。是顓蒙者之見已。浮屠雖與耶蘇相類, 其間自有輕重厚薄之殊, 浮屠曰, 棄恩入無爲, 眞實報恩者。耶蘇則直以君父爲假矣。浮屠爲君父修冥福, 猶有追遠之意。耶蘇則死卽絶之, 不敢復祀, 視之如犬馬然。浮屠久行於我, 今亦知奉世法。耶蘇則傲然自尊, 不敢屈膝於王公。然是皆未足爲

人主辯。我所懼獨在其敗俗與釀亂耳。耶和華自稱嫉妬之神, 不許其徒拜他神。耶蘇益嚴其法, 誓欲滅他神。故亦曰, 我之來也, 非平世, 乃興亂耳。

기이한 환상을 드러내어 인심을 유혹하고, 주군과 부모를 비하하고 그 신을 떠받들며, 생전의 도를 경시하고 사후의 복을 중시하며, 천당으로써 유혹하고 지옥으로써 두렵게 하는 것은 예수와 부처가 동일하다. 그들 사이의 다른 점은 예수가 윤회를 말하지 않는다는 것뿐이다. 부처가 우리나라에서 행세한 지 오래되었는데, 예수라고 해서 어찌 꼭 막아야 하는가? 이는 우매한 자의 견해일 뿐이다. 부처는 예수와 비슷하기는 하지만 그들 사이에는 저절로 경중(輕重) · 후박(厚薄)의 차이가 있다. 부처는 "은혜를 버리고 무위(無爲)로 들어가는 것이 진실로 보은(報恩)하는 것이다."라고 말한다. 예수는 주군과 부모를 가짜로 여길뿐이다. 부처는 주군과 부모를 위해 명복(冥福)을 닦으니, 그래도 돌아가신 부모를 오래도록 추념(追念)하는 뜻이 있다. 예수는 죽으면 곧 끊고서 다시 제사지내지 않으려 하니, 개나 말처럼 보는 것이다. 부처는 우리나라에서 오래 행세하였고 지금은 세속의 법도를 받들 줄도안다. 예수는 오만하고 또 자기 자신을 받들어 감히 왕공(王公)에게 무릎을굽히려 하지 않는다. 그러나 이는 모두

인주(人主)가 따질 만한 것은 아니다. 내가 두려워하는 바는 단지 그것이 풍속을 무너뜨리고 난(亂)을 키운다는 데에 있다. 여호와는 스스로 질투의 신이라고 칭하고, 그 무리들이 다른 신을 경배하는 것을 허락하지 않았다. 예수는 그 법을 더욱 엄하게 하여, 다른 신을 없애고자 맹세하였다. 그러므로또 말하였다. "내가 온 것은 세상을 평화롭게 하기 위해서가 아니라 난을일으키기 위해서이다."[72]

今一奉其敎,

神祖而下

聖君賢佐忠臣烈士之廟, 不得不盡毀之, 而下至士庶亦不得祭其祖禰。此豈我忠厚之俗所能忍爲哉。曾子曰, 愼終追遠, 民德歸於厚矣。聖人事死如事生。豈必問其享與不享哉。所以盡吾誠而導民於厚也。今也君父死則絶之, 視猶禽獸, 而獨求己在天之榮。是專以利導民也。無乃我忠孝之俗, 化而爲魑魅乎。

---

72 「馬太傳福音書」11:34-36 "惟我告爾, 當審判日, 所多馬之刑, 較爾猶堪忍焉. 當時, 耶穌言曰, 父歟, 天地主也, 我讚爾, 因爾隱此道於智者達者, 而顯之於赤子, 父乎, 然也, 蓋爾視如是爲善矣."
「路加傳福音書」12:51-53 "爾以爲我來施和平於世乎. 我謂爾不然, 轉分爭耳. 今而後, 一家五人將分爭, 三爭二, 二爭三, 父爭子, 子爭父, 母爭女, 女爭母, 姑爭婦, 婦爭姑焉."

지금 일단 그 교를 받들면,

신조(神祖)[73]이래의

성군(聖君), 현좌(賢佐), 충신(忠臣), 열사(烈士)의 묘(廟)를 모두 훼손하지 않을 수 없고, 아래로는 사(士)와 서인(庶人)에 이르기까지도 그 조상에게 제사지낼 수 없다. 이 어찌 우리의 충성스럽고 순후(淳厚)한 풍속이 차마 할 수 있는 바이겠는가? 증자(曾子)는 말하였다. "부모의 상을 삼가 치르고 돌아가신 부모를 오래도록 추념하면 백성의 덕이 두터워질 것이다"[74] 성인은 죽은 이를 섬기기를 산 사람 섬김과 같이 한다. 어찌 반드시 그 죽은 이들이 제사를 받아먹는지 여부를 물어보겠는가? 이것이 나의 성(誠)을 다하여 백성을 두터움(厚)에 이끄는 방법이다. 지금은 주군과 부모가 죽으면 끊어버리니, (이는 주군과 부모를) 금수와 같이 보는 것이며, 오직 자기의 천상의 영광만을 구하는 것이다. 이는 오로지 이익으로써 백성을 이끄는 것이다. 우리의 충효의 풍속이 도깨비(魑魅)로 화(化)한 것이 아니겠는가!

浮屠之行於我千餘年。民各奉其所信, 雖嚴禁而痛絶之, 其情未易遽奪, 卽斷然行之, 得無天下爲之騷然乎。晚近之俗, 厭常而喜奇, 日甚一日。況暗於理而怵於禍福, 民之情也。故其言愈淺, 惑之愈深。耶蘇之言, 膚淺主利。民畏死, 誘之以不死之榮。民喜富, 勸之以不朽之財。而不奉其教者, 畏之以不滅之火。好利之徒, 或爲其所眩惑, 轉輾相牽, 倏忽成黨。必將欲攻擊拜他神者, 使之歸己, 出死力而爭之。其患甚於奉浮屠者防耶蘇。若知其害而中禁之, 彼必悍然, 與上戰, 得其所欲爲而止。往時天草之賊, 卽其明驗也。故一開其教, 雖欲悔之, 非盡戮其徒不可得而禁。何則。彼以爲耶蘇死爲增天上之榮也。可不愼乎。

---

73 공덕이 위대한 선조. 여기서는 진무천황(神武天皇)을 말한다.

74 『論語』「學而」"愼終追遠, 民德歸於厚矣."

부처가 우리나라에서 행세한 지 천여 년이 되었다. 백성은 각기 그 믿는 바를 받든다. 비록 그것을 엄격히 금하고 결연히 끊어버려도 그 정(情)을 갑자기 뺏기는 쉽지 않기에, 단호하게 행해야 천하가 그로 인해 소란해지지 않을 수 있을 것이다. 요즘의 풍속은 정상적인 것을 싫어하고 기이한 것을 좋아함이 날로 심해진다. 하물며 이치에 어둡고 화복(禍福)에 놀라고 두려워하는 것이 백성의 정(情)임에랴. 그러므로 그 말이 얕을수록 미혹됨은 더욱 심하다. 예수의 말은 얕으면서 이익을 주로 한다. 백성이 죽음을 두려워하니 불사(不死)의 영광으로써 백성을 유혹한다. 백성이 부를 좋아하니 썩지 않는 재물로써 백성에게 권면한다. 그러나 그 교(敎)를 받들지 않는 자에게는 꺼지지 않는 불로써 두렵게 한다. 이익을 좋아하는 무리는 혹 그 현혹되는 바 때문에 엎치락뒤치락 서로 이끌어, 갑자기 당(黨)을 이룬다. 반드시 장차 다른 신을 경배하는 자를 공격하여 그들을 자기 무리에게 돌아오게 하려 하며, 죽을 힘을 내어 다툰다. 그 재앙은 부처를 받드는 자가 예수를 막는 것보다 심하다.[75] 만약 그 해를 알고서 중도에 금(禁)한다면 그들은 반드시 흉포해져서 위와 싸울 것이며, 그들이 바라는 바를 얻고서야 그칠 것이다. 옛날 아마쿠사(天草)의 적(賊)[76]이 바로 그 분명한 증거이다. 그러므로 일단 그 교를 개방하고 나면, (나중에 그 개방을) 후회하여 바로잡으려 해도 그 신도를 다 죽이지 않으면 금할 수가 없다. 어째서 그런가? 그들은 예수를 위해 죽는 것을 천상의 영광을 더하는 것이라고 여기기 때문이다. 신중하지 않을 수 있겠는가!

---

75 다른 종교에 대한 그리스도교의 공격이 그리스도교에 대한 불교의 공격보다 심하다는 뜻이다.

76 아마쿠사 시로(天草四郎)가 이끈 기리시탄 반란자들을 말한다. 1637년, 아마쿠사 시로로 통칭되는 마스다 도키사다(益田時貞)는 아마쿠사(天草)와 시마바라(島原) 두 지역의 봉기를 통합하여 히젠국(肥前國) 아리마(有馬)의 하라조(原城)에서 농성했는데, 막부군에 진압되어 37,000명이 사망했다.

我聞奉其敎者, 西洋旣岐新舊而二之。米利堅則分爲二十五, 彼此相軋, 毫不假借。以他故爭者, 乞和則聽之。以敎搆兵, 不肯復納其降, 必殲其類而止。夫所謂敎者, 將以治其民而平天下也。今也爭敎相殺, 至以殲其類, 何以敎爲。且彼同宗耶蘇, 其所爭, 盖分毫之差耳。然猶相殺而不相假借。

내가 듣기에, 그 교를 받드는 자들은 서양에서는 이미 신(新)과 구(舊)의 둘로 나뉘었다고 한다. 미국에서는 스물다섯 개로[77] 나뉘어, 피차가 서로 반목하며 조금도 사정을 보아주지 않는다. 다른 이유로 다투는 자는 화해를 청하면 듣지만, 교(敎)로써 싸우면 그 항복을 다시 받아들이려 하지 않고, 반드시 그 무리를 섬멸하고서야 그친다. 이른바 교(敎)란, 장차 그 백성을 다스림으로써 천하를 평안케 하는 것이다. 지금은 교를 다투어 서로 죽여서, 그 무리를 섬멸하기에 이르렀으니, 어찌 교라고 여기겠는가? 또 저들은 똑같이 예수를 최고로 섬기니 그 다투는 바는 아마 터럭 같은 차이일 뿐일 것이다. 그런데도 서로 죽이고 서로 사정을 보아주지 않는다.

浮屠卽彼所謂像敎, 其所欲盡力攻擊以必滅之也。而我又有神道者流, 其力雖微, 亦皆以奉鬼神爲敎。三者並立, 斯民之爭, 豈有窮已乎哉。然此猶於其害語內者而已。不幸海外有姦雄如摩西者。欲假此以拓其境, 民心旣蠱, 必將倒戈以攻後, 則其禍有不可勝言者焉。今海外通親, 萬無有此事。然人與世移, 勢與時變。備預不虞, 有國者之大戒也。故謂耶蘇可開者, 將使天下騷然者也, 將殲我民者也, 將使我君父不得一日安其位者也。

부처는 곧 그들이 말하는 우상 숭배 종교(像敎)로서, 그들이 힘껏 공격하여

---

77 어떤 자료에 근거한 것이지 확인할 수 없다.

반드시 멸하려는 바이다. 우리에게는 또 신도자(神道者)[78]의 부류가 있는데, 그 힘은 비록 미약하지만, 역시 모두 귀신 받들기를 교(敎)로 삼는다. 삼자 (三者)가 병립하니, 사민(斯民)[79]의 다툼이 어찌 다하여 그침이 있겠는가! 그러나 이는 그래도 안에서 해를 끼치는 것에 대해 말했을 뿐이다. 불행히도 해외에는 모세와 같은 간웅(姦雄)이 있다. 만약 이를 빌미로 그 경계를 넓히고자 한다면, 민심이 이미 미혹되었기에 반드시 장차 창을 거꾸로 잡고 후방을 공격할 것인즉, 그 화는 말로 다 할 수 없을 것이다. 지금은 외국과 통교할 때 이런 일이 전혀 없다. 그러나 사람은 시대와 함께 옮겨가고, 세(勢)는 때와 함께 변한다. 미리 대비하여 근심을 없애는 것이 나라를 가진 자의 큰 경계(大戒)이다. 그러므로 예수를 열어줄 수 있다고 말하는 자는 장차 천하를 소란케 할 자이고, 장차 우리 백성을 섬멸할 자이며, 장차 우리 주군과 부모로 하여금 하루도 그 자리에 편히 있게 하지 못할 자이다.

---

78 일본 고유의 종교인 신도를 믿는 이들이다.

79 백성.

辨妄五
변망 5

曠古草昧, 聖人之道未明。而人之好智喜怪, 必欲知天地生民之初。是以皇
國有神人産國之說, 漢土有錬石補天地之言, 不獨耶和華造天地也。當少皥
氏之衰, 民神雜柔, 不可方物。夫人作享, 家爲巫史, 無有要質。顓頊受之, 乃
命南正重司天, 以屬神, 命火正黎司地, 以屬民, 以絶地天之通。於是人紀始
以建矣。

가장 먼 옛날 천지가 막 개벽하여 어둡던 시대에는 성인의 도가 아직 밝지
않았다. 그러나 사람들은 지혜를 좋아하고 의심하기를 즐겨 하여, 반드시
천지(天地)와 생민(生民)의 유래를 알고자 하였다. 그래서 황국(皇國)[80]에는 신
인(神人)이 나라를 낳은(産國) 설이 있고, 한토(漢土)에는 돌을 달구어 천지의
구멍을 메운 이야기가 있으니, 여호와만이 천지를 만든 것이 아니다. 소호
씨(少昊氏)가 쇠할 때가 되어서는 인간과 신(神)이 뒤섞여 식별할 수 없었다.
사람들마다 제사를 지내고 집집마다 무사(巫史)가 되어, 맹세의 신실함이 없
었다.[81] 전욱(顓頊)이 그것을 이어받아 비로소 남정(南正)인 중(重)에게 천(天)
을 관리해서 신에게 맡기도록 명하고 화정(火正) 려(黎)로 하여금 땅을 관리

---

80 일본을 말한다.

81 『國語』「楚語下」 "及少皥之衰也, 九黎亂德, 民神雜糅, 不可方物. 夫人作享, 家爲巫史, 無
  有要質."

해서 인간에게 맡기도록 명함으로써 하여 땅과 하늘의 연결을 끊었다.[82] 이에 비로소 인간의 삶의 규범(人紀)이 세워졌다.

及堯舜氏興, 叙有典, 秩有禮, 命有德, 討有罪, 威之以五刑, 勸之以九德。自時其後, 聖人代興, 禮樂制度, 窮極其盛。孔子序書, 斷自唐虞, 以其不可爲教也。故治天下之道, 莫備於漢土焉。西土遠漢, 未聞聖人之道, 而亦無可以易耶和華者。且西人明於天文, 晰於地理。若夫妄誕, 必有能辯之者矣。智者恐革之激其變, 黠者欲藉以拓其境。是以未能變曠古之習焉耳。然則天地民生之初, 果如何也。曰, 聖人所不語, 我不敢知。然耶蘇徒鑿鑿言之, 我民或惑之, 其禍有不可測者焉。我且臆說之。

요임금과 순임금이 일어나자, (하늘의) 질서에 법이 있었고, (하늘의) 질서에 예가 있었고, (하늘의) 명에 덕이 있었고, (하늘은) 죄 있는 사람을 토벌했다. 오형(五刑)으로써 위협하고,[83] 구덕(九德)으로써 권면했다.[84] 그 후로 성인이 대대로 일어났고, 예악과 제도의 성함이 극에 달했다. 공자가 『서경』을 편집할 때 요순(唐虞)에서부터 시작한 것은 그것[85]이 교가 될만한 것이 아니

---

82 『國語』「楚語下」"顓頊受之, 乃命南正重司天以屬神, 命火正黎司地以屬民, 使復舊常, 無相侵瀆, 是謂絶地天通."
　　『史記』「曆書」"少暤氏之衰也, 九黎亂德, 民神雜擾, 不可放物, 禍菑薦至, 莫盡其氣. 顓頊受之, 乃命南正重司天以屬神, 命火正黎司地以屬民, 使復舊常, 無相侵瀆."

83 『書經』「皐陶謨」"天工人其代之. 天叙有典, 勅我五典五惇哉. 天秩有禮, 自我五禮有庸哉. 同寅協恭, 和衷哉. 天命有德, 五服五章哉. 天討有罪, 五刑五用哉. 政事, 懋哉懋哉." 오형은 묵형(墨刑, 먹물로 글자 새기기), 의형(劓刑, 코베기), 비형(剕形, 발뒤꿈치 베기), 궁형(宮刑, 생식기 제거), 대벽(大辟, 사형)의 다섯 가지 형벌이다.

84 『書經』「皐陶謨」"皐陶曰, 都, 亦行有九德, 亦言其人有德, 乃言曰, 載采采. 禹曰, 何. 皐陶曰, 寬而栗, 柔而立, 愿而恭, 亂而敬, 擾而毅, 直而溫, 簡而廉, 剛而塞, 彊而義, 彰厥有常, 吉哉." 구덕은 너그럽고도 엄격함, 부드럽고도 꿋꿋함, 성실하면서 공손함, 잘 다스리면서 공경함, 온순하면서 굳셈, 곧으면서 온화함, 간략하면서 세심함, 억세면서 착실함, 강하면서 의로움의 아홉 가지 덕이다.

85 요순 이전(以前), 하늘과 땅의 구분이 없던 신화적 세계관을 말한다.

기 때문이었다. 그러므로 천하를 다스리는 도(道)는 한토(漢土)보다 더 갖추
어진 곳이 없다. 서토(西土)는 한토로부터 멀어서 성인의 도를 들어보지 못
했고, 또 여호와를 대체할 수 있는 자도 없었다. 또 서인은 천문에 밝고, 지
리에 밝다. 망녕되고 거짓된 경우 반드시 그것을 따질 수 있는 자가 있다.
지혜로운 자는 혁(革)이 그 변(變)을 격화(激化)할까 두려워하고, 영리한 자는
그것을 빌려 그 경계를 넓히고자 한다. 그러므로 가장 먼 옛날의 습관을 변
하게 할 수 없었다. 그렇다면 천지와 생민의 유래는 과연 어떠한 것인가?
그에 대한 대답은 "성인이 말하지 않은 바를 나는 감히 알지 못한다."는 것
이다. 그러나 예수교도는 선명하게 그것을 말하고 우리 백성은 간혹 그것에
미혹되기도 하니 그 화(禍)에는 헤아릴 수 없는 것이 있다. 나는 일단 억설
(臆說)해 본다.

夫地與五星, 皆以太陽爲心, 日夜運轉於虛空中, 各有其度。地則日轉一
度, 三百六十有六轉, 乃能一周大陽, 是爲一歲。歲有四時十二月二十四節
七十二候。皆以大陽遠近爲之名。萬物以生以長, 以成以收。其氣所不及, 地
不能生物。萬古一定, 未嘗變其度。然則地球者, 大陽爲之主。旣爲之主, 而
能榮枯盛衰其所生之物。則謂大陽造成地球亦可。其於五星亦當然耳。積灰
生蠅, 腐水産鱗。

지구와 다섯 행성은 모두 태양을 중심으로 하여 밤낮으로 허공 속에서 회전
하는데, 각기 그 기준(度)이 있다. 지구는 하루에 한 번 도니, 삼백예순여섯
번 돌면 태양 둘레를 한번 돌 수 있고 이것이 일 년이다. 일 년에는 사계절,
열두 달, 이십사절기, 칠십이후(七十二候)[86]가 있다. 모두 태양의 원근(遠近)
을 가지고 그 이름으로 삼는다. 만물은 태양으로 인해 나고 자라고 성장하

---

86 음력에서, 자연 현상에 따라 닷새를 한 후로 하여 일 년의 기후를 일흔둘로 나눈 것

고 소멸한다. 태양의 기(氣)가 미치지 못하는 곳에서는 땅이 물(物)을 낳을 수 없다. 만고(萬古)에 일정하며 그 기준(度)이 변한 적이 없다. 그러므로 지구라는 것은 태양이 그 주인이다. 이미 그 주인이니, 그것이 낳는 물(物)을 피어나게도 메마르게도 성(盛)하게도 쇠(衰)하게도 할 수 있다. 그러므로 태양이 지구를 조성(造成)한다고 말하는 것도 가능하다. 다섯 행성도 당연히 그러하다. 쌓여 있는 재에서 파리가 생기고, 썩은 물에서 물고기가 태어난다.

以此推之, 生民之初, 盖亦氣化耳。其稟陽氣者爲男, 稟陰氣者爲女。男女旣判, 各相配以蕃其類。物皆然, 人何獨不然。其所以生爲男女, 則聖人嘗於大易一言之。曰, 乾天也。故稱乎父。坤地也。故稱乎母。震一索而得男。故謂之長男。巽一索而得女。故謂之長女。坎再索而得男。故謂之中男。離再索而得女。故謂之中女。艮三索而得男。故謂之少男。兌三索而得女。故謂之少女。其於人也。以父母齒。及受胎之月爲三爻。純陽純陰則勿論耳。一奇二偶則得男。一隅二奇則得女。其當男而得女, 當女而得男者, 是謂天人之變。必不能成長。或三歲或六歲, 未有能過十二歲者, 天之數也。

이로 미루어 보면, 생민의 유래 역시 아마도 기가 화한 것(氣化)일 것이다. 그중 양기를 받은 것은 남자가 되고 음기를 받은 것은 여자가 된다. 남녀가 이미 갈라져 있고, 각자 서로 짝지어서 그 동류(同類)를 번식한다. 물(物)은 모두 그러하니 사람만 어찌 유독 그렇지 않으랴. 사람이 남녀로 태어나는 방식은 성인이 일찍이 『대역(大易)』에서 말한 적 있다. "건(建)은 천(天)이므로 아버지라 칭한다. 곤(坤)은 지(地)이므로 어머니라 칭한다. 진(震)은 한 번 취하여 아들을 얻으므로 장남이라고 한다. 손(巽)은 한번 취하여 딸을 얻으므로 장녀라고 한다. 감(坎)은 두 번 취하여 아들을 얻으므로 차남(中男)이라고 한다. 리(離)는 두 번 취하여 딸을 얻으므로 차녀(中女)라고 한다. 간(艮)

은 세 번 취하여 아들을 얻으므로 소남(少男)이라고 한다. 태(兌)는 세 번 취하여 딸을 얻으므로 소녀(少女)라고 한다."[87] 사람에게 있어서는, 부모의 나이와 수태한 달을 삼효(三爻)로 친다. 순양(純陽)과 순음(純陰)은 따질 것도 없다. 양효 하나(一奇)와 음효 둘(二偶)이면 아들을 얻는다. 음효 하나(一偶)와 양효 둘(二奇)이면 딸을 얻는다. 그중 아들에 해당하나 딸을 얻고 딸에 해당하나 아들을 얻는 것을 천인(天人)의 변(變)이라고 한다. 반드시 성장이 불가능하다. 세 살까지 살거나 여섯 살까지 살며, 열두 살을 넘을 수 있는 자가 없는 것은 천(天)의 수이다.

月亦一地球, 本無自光, 受日光以爲光。其所以能參成男女者何也。曰, 鏡亦無光, 執以暎日。可以照屋梁。謂之非日輝則不可。月之照地, 亦猶如鏡之照屋梁耳。月以地球爲心, 以二十九日有奇, 一周其外。乃天之所以衛地也。故能感其陰類, 互物之肉, 隨月盈虧。而潮汐進退, 從其出沒, 是其明證也。婦人亦陰類也。故其經水月必一行。以其受胎, 歲只四月, 月只三日, 以其齒與經行淨後爲之度。則月之能參成男女。亦何疑焉哉。

달 역시 하나의 지구로서, 본래 자신의 빛이 없고 일광을 빛으로 삼는다. 달이 남녀를 만드는 데에 개입하는 방식은 어떠한가? 이렇게 답하겠다. "거울 역시 빛이 없지만 거울을 들고 해를 비추면 지붕을 비출 수 있다. 그것을 햇빛이 아니라고 말할 수는 없다. 달이 지구를 비추는 것 역시 거울이 지붕을 비추는 것과 같다. 달은 지구를 중심으로 하여 29일 남짓 만에 그 바깥을 한 바퀴 도는데, 이것이 천(天)이 지(地)를 지키는(衛) 방식이다. 그러므

---

87 『周易』「說卦傳」"乾, 天也, 故稱乎父, 坤, 地也, 故稱乎母, 震一索而得男, 故謂之長男, 巽一索而得女, 故謂之長女, 坎再索而得男, 故謂之中男, 離再索而得女, 故謂之中女, 艮三索而得男, 故謂之少男, 兌三索而得女, 故謂之少女."

로 달이 그 음류(陰類)와 교감할 수 있는데, 패각류(貝殼類)의 속살은 달을 따라 차고 기울고, 밀물과 썰물의 진퇴는 달의 출몰을 따르는 것이 그 분명한 증거이다. 여성 역시 음류이다. 그러므로 그 생리(經水)는 한 달에 반드시 한 번 행한다. 여성의 수태(受胎) 기간은 한 해에 단 넉 달, 한 달에 사흘로서,[88] 그 나이와 생리가 끝난 후를 그 기준으로 삼는다. 그러니 남녀를 만드는 데에 달이 개입할 수 있는 것 역시 어찌 의심하겠는가?"

至其壽夭美醜禍福吉凶智愚賢不肖之殊, 則六物爲之。當父母流氣之時, 六物皆善, 五福咸備。六物皆惡, 則六極盡鍾。或善或惡, 爰爲中人。此世之所以多中人也。何謂六物。歲時日月星辰, 是已。故所謂靈者, 與肉身偕生。其從齒而增, 猶肉身逐年而長。非父母先與肉身然後耶和華人人而授之靈也。昔聖王之御世也。仲春之月, 先雷三日, 遒人振木鐸以令兆民。曰, 雷將發聲, 有不戒其容止者, 生子不備, 必有凶災。然則人之不具有凶災。風雷非常之變, 亦能爲之。不獨六物也。其獨言不具與凶災者, 其智愚賢不肖, 學之與習, 可以移之。而禍福吉凶, 亦其所自取。君子安命, 壽夭不貳。脩身以俟天命, 敎之道也。其論人所以生, 如此明且盡之。安得以死後不可知之靈而淆之哉。

그 장수와 요절과 아름다움과 추함, 길함과 흉함과 화와 복, 지혜로움과 어리석음과 현명함과 불초함의 차이는 육물(六物)이 그렇게 하는 것이다. 부모가 기를 유출할 때 육물이 모두 선(善)하면 오복(五福)이 모두 갖추어진다. 육물이 모두 악하면 육극(六極)[89]이 모두 모인다. 선하기도 하고 악하기

---

88 무엇에 근거를 둔 주장인지 알 수 없다.

89 요절, 질병, 근심, 빈곤, 악함, 약함을 말한다. 『書經』 「洪範」 "六極, 一曰凶短折, 二曰疾, 三曰憂, 四曰貧, 五曰惡, 六曰弱."

도 하면 평범한 사람(中人)이 된다. 이것이 세상에 평범한 사람이 많은 이유이다. 무엇을 육물이라고 하는가? 세시일월성신(歲時日月星辰)이 그것이다. 그러므로 소위 영(靈)이라는 것은 육신과 함께 생겨난다. 영이 나이에 따라 늘어나는 것은 육신이 해가 갈수록 성장하는 것과 같다. 부모가 먼저 육신을 준 연후에 여호와가 사람들마다 영을 부여하는 것이 아니다. 옛날 성왕(聖王)이 세상을 통치할 때는 중춘지월(仲春之月)에 천둥이 치기 사흘 앞서 미리 주인(遒人)[90]이 목탁(木鐸)을 흔들고 백성들(兆民)에게 영(令)을 내려 말하게 한다. "천둥이 장차 소리를 내려 하는데, 그 행동거지를 조심하지 않는 이가 있으면, 자식을 낳아도 온전하지 않고 반드시 흉재(凶災)가 있다."[91] 그런즉 사람의 신체적 불구(不具)에는 흉재가 있을 것이다. 바람과 천둥의 비정상적인 변(變) 역시 그렇게 할 수 있다. 육물만이 그렇게 할 수 있는 것이 아니다. 그것이 불구와 흉재만을 말한 것은, 지혜로움과 어리석음과 현명함과 불초함은 배우고 익히면 바꿀 수 있기 때문이다. 길함과 흉함과 화와 복역시 스스로 취하는 것이다. 군자는 명(命)에 편안하고, 장수와 요절은 둘이 아니다. 수신(修身)하여 천명(天命)을 기다리는 것이 교(敎)의 도(道)이다. 그것이 인간이 태어나는 방식을 이처럼 분명하고 철저하게 논했다. 어찌 사후(死後)의, 알 수도 없는 영(靈)을 가지고 거기에 섞어 넣을 수 있는가?

我聞前四十年而來, 西土亦有悅聖人之敎者, 曰, 治天下莫孔夫子之道若焉。輓近則梓行聖經譯以國字。此將欲敷其敎於國中也。況其人固聰明, 非若北狄南蠻不可得而敎誨之類。不久, 我道其將行於彼與。君子道長則異端必消。自然之數也。我若今日啓耶蘇, 數十年之後, 得無如浮屠滅於印度而

---

90 고대의 제왕이 민심을 이해하기 위해 파견한 사신(使臣)이다.

91 『禮記』「月令」"仲春之月……先雷三日, 奮木鐸以令兆民. 曰, 雷將發聲, 有不戒其容止者, 生子不備, 必有凶災."

> 獨遺書於我國乎哉。在上君子, 其可不再思焉乎。

내가 듣기에, 40년 전부터 서토에도 성인(聖人)[92]의 교(教)를 기뻐하는 이가 있어, "천하를 다스림에는 공부자[93]의 도만한 것이 없다"고 했다. 최근에는 성경(聖經)[94]을 자국어로 번역하여 출판하였다고 한다. 이는 장차 그 교를 자기 나라(國中)에 퍼뜨리려 함이다. 하물며 그 사람이 본래 총명하고 북적(北狄)이나 남만(南蠻)과 같은 가르칠 수 없는 부류가 아님에랴. 오래지 않아 우리의 도가 장차 그들에게서 행해질 것이다. 군자의 도가 성장하면 이단은 반드시 소멸하는 것이 자연의 수(數)이다. 우리가 오늘 예수에게 문을 열어 준다면 수십 년 후에는 부처가 인도에서는 사라지고 우리나라에만 해를 남긴 것과 같은 일이 없을 수 있겠는가! 위에 있는 군자[95]는 다시 생각하지 않을 수 있겠는가!

---

92 공자이다.

93 공자를 높여 부르는 말이다.

94 유교 경전을 가리킨다.

95 『論語』「泰伯」 "君子篤於親, 則民興於仁"에 대한 朱熹注 "君子, 謂在上之人也."

鬼神論⁹⁶
귀신론

有轟然震於天者, 指而告人曰, 雷也, 人從而信之。有奮然躍於淵者, 指而告人曰, 龍也, 亦從而信之。以其有形與聲耳。是故風之蓬然而行也, 號於萬物之竅。氣之蒸蒸而升也, 浮於朝陽之隙。故有是物, 必有是名, 因名以求實, 雖變如雷龍微如風氣, 我得而察之。其唯鬼神乎。視之而不見, 聽之而不聞。若森然充於天地之間, 而莫能得其狀。則古者何以設是名也。

하늘에서 우르르 우르르 진동하는 것이 있을 때 그것을 가리켜 사람들에게 "천둥이다"라고 말하면 사람들은 그 말을 따라서 믿는다. 연못에서 펄쩍 뛰어오르는 것이 있을 때 그것을 가리켜 사람들에게 "용이다"라고 말하면 역시 그 말을 따라서 믿는다. 그것이 형체와 소리를 가지고 있기 때문이다. 그러므로, 바람이 불면서 움직이면, 만물의 구멍에서 소리를 낸다.⁹⁷ 기(氣) 가 모락모락 올라가면, 산(山) 동쪽의 틈새에서 떠오른다. 그러므로 이 물 (物)이 있으면 반드시 이 이름이 있다. 이름에서 실체(實)를 구하면, 비록 천둥과 용처럼 변(變)하고 바람과 기처럼 희미하더라도 내가 그것들을 살필 수

---

96 원래 「鬼神論」은 「鬼神論上」과 「鬼神論下」 두 편으로 이루어져 있고, 『식헌유고(息軒遺 稿)』에 실려 있는데, 여기 수록된 것은 「鬼神論上」이다.

97 『莊子』「齊物論」 "자기가 말하였다. '대지가 숨을 쉬면 그것을 바람이라고 한다. 이는 일어나지 않으면 그만이지만 일단 일어나면 온갖 구멍이 소리를 낸다. 너만 윙윙 울리는 바람 소리를 듣 지 못했느냐?'(子綦曰, 夫大塊噫氣, 其名爲風. 是唯無作, 作則萬竅窺怒呺. 而獨不聞之翏翏 乎.)"

있다. 오로지 귀신일 것이다! 보아도 보이지 않고 들어도 들리지 않는 것은 하늘과 땅 사이에 빽빽하게 차 있지만 그 형상을 얻을 수는 없다.[98] 그렇다면 옛날에 어떻게 이 이름을 세운 것일까?

今夫遠夷無文之地, 得疾而禱, 遭災而禳。天地有祭, 山川有祀。非有聞於吾道也。非人指敎之也。發於情而行於事, 然後其心安焉。橫目之民, 不謀而同。是之謂鬼神之實也。何以言之。途之人相遇於野, 好惡動於彼, 而順逆之氣應於此。心之無形, 猶神之無狀。目不能見, 耳不能聞, 而彼我已接於冥冥之中, 非唯以其有物邪。鬼神之於人, 亦猶此焉爾。然則聖人設鬼神之名, 蓋得之人情也。人情天也。所以行之者人也。人與天合, 而道生。故道也者, 所以達人情而防其溢也。而於鬼神乎最愼之。

지금 먼 곳 오랑캐의 문명하지 않은 곳에서는 질병을 얻으면 기도하고 재난을 만나면 푸닥거리를 한다. 하늘과 땅에 지내는 제사도 있고 산과 강에 지내는 제사도 있다. 우리 도(道)에서는 들어보지 못한 것이다. 사람이 손가락으로 가리켜서 알려준 것도 아니다. 정(情)에서 발(發)하여 실제로 행한 후에야 그 마음이 평안해지는 것은 사람이라면 모의하지 않아도 다 똑같은 것이다. 이것을 귀신의 실체(實)라 한다. 어떻게 그렇게 말하는가? 길 가는 이가 서로 들판에서 마주칠 때, 좋아하거나 싫어하는(好惡) 감정이 저쪽에서 발동하면 받아들이거나 거스르는(順逆) 기운이 이쪽에서 응한다.[99] 마음(心)의 형체 없음(無形)은 신(神)의 형상 없음(無狀)과 같다. 눈으로 볼 수 없고 귀로 들을 수 없지만 암암리에 피아(彼我)가 접(接)하는 것은, 단지 그것이 물(物)을 갖고 있어서만이 아니다. 사람에 대한 귀신의 관계 역시 이와 같다. 그런즉

---

98 『中庸』제16장에서 "視之而弗見, 聽之而弗聞, 體物而不可遺."라고 하였다.

99 호(好)에 대한 반응으로서의 순(順)과 오(惡)에 대한 반응으로서의 역(逆)이다.

성인이 귀신이라는 이름을 세운 것은 아마도 인정(人情)에게서 얻었을 것이다. 인정은 천(天)이다. 그것을 행하는 매개는 인(人)이다. 인이 천과 합하여 도(道)가 생긴다. 그러므로 도라는 것은 인정(人情)을 표현하되 그 넘침(溢)을 방지하기 위한 것이다. 그리고 귀신에게 있어서 가장 신중히 한다.

夫鬼神雖無形聲可徵焉, 有時乎成狀。故聖人嘗於繫辭而一言之。然亦有正焉, 有妖焉, 不足以爲訓。而魂氣之所動, 人又以禍福災祥而視之, 畏而敬, 疑與信半。其善易導, 其惑易成。謂是可以設敎而適道矣。而衷情所根, 其溢有不可不防者焉。於是爲之主几廟壇, 以顯其位, 薦之牷牲黍稷, 以明其享。拜跪以事之, 歌吹以樂之。齋明盛服, 極其誠敬。使民能知其所當祀以達其情。而以左道惑民者殺。其道可謂備且嚴矣。然猶恐其或惑也。故詳其事於禮, 而略其理於辭。不敢質言之, 不得已而論之, 必曰, 如以狀之。如云者, 不得而接其形與聲之謂也。夫其不得而接者。卽其所以體物而不可遺也。聖人之精乎情如此。故神人以治。而民享其福矣。

귀신은 비록 징험할 수 있는 형체와 소리가 없으나, 때때로 형상(形狀)을 이룬다. 그러므로 성인이 일찍이 『주역(周易)』「계사전(繫辭傳)」에서 그렇게 말한 적이 있다.[100] 그러나 그 말에는 또한 올바름도 있고 괴이함도 있어서 규범으로 삼기에 부족하다. 혼기(魂氣)의 활동도 사람은 화(禍)와 복(福), 재난과 상서로움이라는 기준에서 보고는 두려워하기도 하고 공경하기도 하여, 의심이 반이고 믿음이 반이다. 거기서 좋은 것을 꺼내기도 쉽고, 미혹되기도 쉽다. "이런 경우는 가르침(敎)을 세워서 도(道)로 향하게 할 수 있다"고 말하지만, 그러나 마음속 정(衷情)이 뿌리를 둔 곳이니, 그 넘침을 막지 않을 수

---

100 『周易』「繫辭上」"精氣爲物, 遊魂爲變, 是故知鬼神之情狀."

없는 것이 있다. 이에 주궤(主几)와 묘단(廟壇)[101]을 만들어 그 위(位)를 드러 내고, 순색(純色) 털을 가진 희생(犧牲)과 서직(黍稷)을 바쳐 그 제사드림을 밝 힌다. 무릇 꿇고 절하여 섬기고, 노래와 악기연주로 즐겁게 한다. 목욕재계 하여 심신을 깨끗이 하고 의복을 단정히 하여 그 정성스러움과 공경을 지극 히 한다. 백성으로 하여금 제사를 지내 그 정(情)을 표현해야 할 바를 알 수 있게 하고, 좌도(左道)로써 백성을 미혹케 하는 자는 죽이니, 그 도가 "빈틈 없이 갖추어졌다"라고 말할 수 있다. 그러나 여전히 혹시라도 미혹될까 두 려워한다. 그러므로 『예기(禮記)』 「중용(中庸)」에서 그 말을 상세히 진술하였 고, 『주역』 「계사전」에서 그 이치를 대략 진술하였다. 감히 그것을 따져 묻지 는 못하나, 부득이하여 그것을 논할 때는 반드시 "만약 그것을 형상화한다 면"이라고 말한다. '만약'이란 말은, 그 형체와 소리를 접할 수 없음을 말하 는 것이다. 그 접할 수 없음이야말로 그것이 물(物)을 남김없이 다 체현하 는 까닭이기도 하다.[102] 성인이 정에 정통함이 이와 같았다. 그러므로 신인 (神人)은 (정으로써) 다스렸고, 백성은 그 복을 누렸다.

及至後世, 智慮淺短, 專任耳目, 不復求乎古人制禮之意。徒聞鬼神之名, 而 不見其形, 固已疑其無矣。然猶曰, 是聖人之言也。不敢顯然與之倍。必欲得 其形而明言之。而精氣成物[103], 游魂爲變。亦不足以伸其說。於是强求之理。 見二氣所以往來, 乃曰, 是鬼神也。見其榮枯盛衰於物, 乃曰, 是其跡也。至 以爲鬼神成狀於心而極矣。而我理不足以勝彼情。語之益詳, 聽之益邈, 其

---

101 主几와 廟壇은 영(靈)을 모신 궤(几)와 조상을 모신 단(壇)이다.

102 『中庸』 제16장 "子曰: 鬼神之爲德, 其盛矣乎. 視之而弗見, 聽之而弗聞, 體物而不可遺. 使 天下之人, 齊明盛服, 以承祭祀."

103 『周易』 「繫辭上」 精氣爲物, 遊魂爲變, 是故知鬼神之情狀." 본문에 '精氣成物'이라고 하였 으나 「계사전」 본문에는 '精氣爲物'로 되어 있다.

民渙焉日離。草鞋有神, 野狐有靈。木石之怪[104], 莫物不祀。傑者興於其間, 益張皇其說, 以羅斯民而王侯所以御下之權削矣。故婚姻之禮殺, 而世多淫刑。享獻饋問之儀失, 而賄賂公行。聖人以神道設教[105]之意微, 而假左道以惑民者偏於天下。蓋不知道原於情之過也。

후세에 이르러 지혜와 사려가 천박하고 짧아져서, 오로지 귀와 눈에만 맡기고 더 이상 고인이 예를 제정한 뜻을 추구하지 않았다. 귀신이라는 이름만 들었을 뿐 그 형체를 보지 못하기에 애초에 이미 그것이 없다고 생각한다. 그러나 여전히 "성인의 말이다"라고 하고서는, 감히 드러내놓고 어기지 못한다. 반드시 그 형체를 얻어서 분명히 말하고자 하나, "정기는 물(物)이 되고 유혼은 변한다(精氣成物, 游魂爲變)"는 말도 그 주장을 펼치기에는 부족하다. 이에 억지로 리(理)에서 구하며, 음양(陰陽)의 이기(二氣)가 왕래하는 경과를 보고서는 "이것이 귀신이다."라고 말하고, 그것이 물(物)에서 영고성쇠함을 보고서는 "이것이 그 흔적이다."라고 말한다. 귀신이 마음에서 형상을 이룬다고 여김에 이르러 극에 달한다. 그러나 우리의 리(理)는 저들의 정(情)을 이기기에 부족하다. 상세하게 말할수록 듣는 쪽에서는 더욱 멀어지니, 그 백성은 흩어져 날로 멀어져간다. 짚신에 신(神)이 있고, 들여우에 영(靈)이 있다. 나무나 돌의 괴물에 제사지내지 않음이 없다. 그 틈에서 뛰어난 인물이 일어나서 그 설을 더욱 왕성하게 하여 사민(斯民)을 사로잡으니 왕후(王侯)가 아래를 통어하는 수단이 줄어든다. 그러므로 혼인의 예가 쇠퇴하자 세상에는 성적인 문란함이 많아졌다. 제물을 바치고 선물을 주는 의식(儀式)이 사라지자 뇌물수수가 공공연히 행해졌다. 성인이 신묘한 도(道)로써 가

---

104 『國語』「魯語下」"以丘之所聞, 羊也。丘聞之。木石之怪曰夔·蝄蜽, 水之怪曰龍·罔象, 土之怪曰羵羊。"

105 『周易』「觀卦·象傳」"觀天之神道, 以四時不忒。聖人以神道設教, 而天下服矣。"

르침을 베푼 뜻이 쇠미(衰微)해지자 좌도(左道)를 빌려 백성을 미혹시키는 자
가 천하에 두루 퍼졌다. 도(道)가 정(情)에서 시작됨을 모르는 데서 생기는
잘못일 것이다.

與某生論共和政事書
공화정을 논하여 모생에게 주는 편지

衡白。某兄足下。足下往日來問。同學之徒百有餘人, 盛唱共和政事之美, 謂非此不能以富國强兵, 其是非如何。偶坐有他客, 不欲深言之, 粗言其不可而止。旣而思之, 恐足下爲其害止於此, 故復修書以詳言之。

야스이 고(安井衡)가 말한다. 모형 귀하[106]. 귀하가 일전에 와서 물었다. 동학(同學)의 무리 백여 명이 공화정의 아름다움을 크게 외치면서 공화정이 아니면 부국강병할 수 없다고 말하는데 그 시비가 어떠하냐고. 마침 자리에 다른 손님이 있어서 깊이 이야기하고 싶지 않았기에 그 불가함만을 대략 이야기하고 그쳤다. 그 후 생각해보니, 귀하가 그 해가 여기에 그친다고 여길까 두려워졌기에, 다시 편지를 써 상세히 말하고자 한다.

足下亦知所謂共和政事者邪。昔者周厲王無道, 民不忍王, 流王於彘。天下無君七年, 同姓諸侯恐周室之覆, 相共適京師爲政, 當時號爲共和。故共和者天下無君, 群臣相共爲政之謂也。若必欲行之於
皇朝, 不知將置
主上於何地也。傳曰, 君親無將, 將而誅之。夫廢立何等事。今也公然唱之學館, 而爲之師者, 亦不知禁之。以我道論之。赤族不足以償其罪, 寧暇問其是

---

106 나카무라 마사나오(中村正直, 1832-1891)를 말한다.

非哉。

귀하도 이른바 공화정이라는 것을 알 것이다. 옛날 주(周)나라 여왕(厲王)이 무도하자, 백성이 왕을 참을 수 없어 체(彘) 땅에 유폐시켰다. 천하에 주군이 없은 지 7년이 되자 동성(同姓) 제후는 주 왕실이 전복될까 두려워 함께 수도로 가서 다스렸는데, 당시에 그것을 공화(共和)라고 불렀다. 그러므로 공화라는 것은 천하에 주군이 없고 여러 신하가 함께 다스리는 것을 말한다. 만약 그것을 반드시

황조(皇朝)[107]에서 행하려고 한다면, 모르겠다,

주상을 어느 곳에 둘지. 『춘추공양전(春秋公羊傳)』에서는 "주군과 부모를 시해하려는 마음을 품어서는 안 되며, 그런 마음을 품으면 즉시 죽여야 한다"[108]고 말한다. (주군을) 폐하고 세우는 것이 어떤 일인가? 지금 공공연히 학관에서 외치는데도 그 스승된 이들은 그것을 금할 줄을 모른다. 우리의 도(道)로써 논하자면, 종족을 다 주멸해도 그 죗값을 치르기에 부족한데, 어찌 틈을 내어 그 시비를 묻는가?

然其所以至此, 蓋亦有由而然。西洋土埆穀少, 不足以自給。是以爲奇技淫巧, 廣與四方貿易。以補其缺。是以其權在商, 勢與王侯相抗。俗又奉耶蘇敎, 耶蘇之立敎, 以君父爲假。輸財於己, 謂之積於天上。計吏收稅, 憎之甚於盜賊。是以民邈視其君, 而貴耶蘇爲眞君之子。此共和政事之說, 所以盛行於西洋也。

그러나 그것이 여기에까지 이른 것은 아마도 또한 그럴 이유가 있을 것이

---

107 일본을 말한다.
108 『春秋公羊傳』「莊公32年」"君親無將, 將而誅焉."

다. 서양은 땅이 척박하고 곡식이 적어서, 자급하기에 부족하다. 그래서 기이하고 부정한 기교로써 널리 사방과 무역하여 그들에게 없는 것을 보충한다. 그래서 그들의 권력은 상인에게 있는데, 그 세력은 왕후와 필적한다. 풍속은 또 예수교를 신봉하는데, 예수의 교설에서는 주군과 부모를 가짜로 여긴다. 자기[109]에게 재산을 거두어 오면서도 그것을 천상에 쌓는다고 말한다. 재무를 맡은 관리가 세금을 걷으면 도적보다 더 미워한다. 그래서 백성은 그 주군을 업신여기고, 예수를 진짜 주군의 아들로 귀하게 여긴다. 이것이 공화정의 설(說)이 서양에서 성행하는 이유이다.

洋學之徒, 不知忠孝仁義之爲何物。粗能讀蟹字, 則便浮慕艷稱, 爲至當不易, 不能究其理非成敗所在。其言悖逆至此, 而不知自陷於赤族之罪。故好異不已, 流爲耶蘇。耶蘇不已, 陷爲無君無父之人。邪說之惑人, 如阿片之釀歡夢, 日覺其可樂, 而不知其受害旣深。雖欲悔之, 不可復及, 可不愼乎。

양학(洋學)의 무리는 충효인의(忠孝仁義)가 무엇인지 모른다. 대강 알파벳을 이해할 수 있게 되면 곧 우러러 흠모하고 칭찬하면서, 지극히 당연하여 바꿀 수 없다고 여기니, 시비(是非)와 성패(成敗)가 어디에 있는지를 궁구할 수 없다. 그 말의 패역(悖逆)이 여기에 이르러도 스스로는 온 종족을 주멸해야 할 죄에 빠졌다는 것을 알지 못한다. 그러므로 기이한 것을 좋아함이 그치지 않고, 절제를 잃어 예수교도가 된다. 예수교도가 되는 것에 그치지 않고, 주군도 없고 부모도 없는 사람으로 타락한다. 사설(邪說)이 사람을 미혹시킴은 마치 아편이 즐거운 꿈을 빚어내는 것과 같아, 날마다 그 환락을 느끼지만 그 해를 이미 깊이 입었음은 모른다. 후회해도 돌이킬 수 없으니, 삼가지 않을 수 있겠는가!

---

109 예수를 가리킨다.

然此特論其賊義耳。至其害國勢抑又有甚焉。夫人之難知, 甚於隔墻察物。
以堯之大聖廣咨賢材於群臣, 而爲之臣者, 又非皆阿黨謀利之人。然或勸
鯀, 或稱共工, 何則。其智有所限也。禹曰, 知人則哲, 維帝難之。孔子亦曰,
衆好之必察焉, 衆憎之必察焉。故唯聖知聖唯賢知賢。

그러나 이것도 그저 그것이 의(義)를 해침을 말했을 뿐이다. 그것이 국세(國
勢)를 해침은 아마도 또 더 심할 것이다. 사람을 알기 어려움은 장벽을 사
이에 두고 사물을 관찰하는 것보다 더 심하다. 요(堯)임금과 같은 큰 성인도
현명한 인재를 찾기 위해 신하들에게 널리 물었고, 그 신하된 이들도 파당
을 지어 이익을 꾀하는 이들이 아니었다. 그런데도 어떤 이는 곤(鯀)을 권하
고 어떤 이는 공공(共工)을 칭찬한 것은[110] 어째서인가? 그 지혜에 한계가 있
었기 때문이다. 우(禹)임금은 "사람을 알아본다는 것은 명철하다는 것이니,
요임금도 그것을 어려워하셨다"[111]라고 말했다. 공자도 "여러 사람이 좋아
하더라도 반드시 살펴보고, 여러 사람이 미워하더라도 반드시 살펴본다"[112]
고 말했다. 그러므로 오직 성인만이 성인을 알아보고 현자만이 현자를 알아
본다.

今以尋常之人舉其所賢, 雖盡心公撰, 亦各止其所見, 未必得特絶之才。且
其所舉, 素無君臣之分。甲不可則推乙, 乙不可則進丙, 易置之如奕棋。然而
其有才藝者, 苟見推於衆人, 皆可以握國柄。於是養望干譽, 冀中其撰。既得
之, 又恐失之。而國非其國, 民非其民。安危存亡, 如胡人視越人肥瘠。其所
施爲, 仰權豪鼻息, 以爲之向背, 唯恐失其意而廢黜。近時佛蘭西久在圍城

---

110 『書經』「堯典」. 곤과 공공은 모두 요임금의 신하로서 홍수를 다스리도록 명받았으나 실패하
     였다.
111 『書經』「皋陶謨」 "惟帝其難之, 知人則哲."
112 『論語』「衛靈公」 "衆惡之, 必察焉. 衆好之, 必察焉."

中, 不能出城一戰。特行側媚於權豪。以固其位, 而不逞之徒, 劫官殺吏。上下相待如路人。至糧盡乞降而止。安在其富國强兵哉。

지금 평범한 사람이 (자신이 보기에) 현명하다고 여기는 사람을 천거한다면, 비록 마음을 다해 공정하게 뽑는다 하더라도 역시 각기 그 소견에 그칠 뿐이며 반드시 특별히 뛰어난 인재를 얻을 수 있는 것은 아니다. 또 그렇게 뽑힌 이는 본래 군주와 신하의 구분이 없다. 갑이 아니면 을을 추천할 수 있고 을이 아니면 병을 추천할 수 있어서, 마치 바둑처럼 바꾸어 둔다. 그러나 그중 능력을 가진 자가 만약 여러 사람에 의해 추천되면 누구나 국가권력을 장악할 수 있다. 이에 야망을 길러 명예를 추구하며, 그 뽑힘에 들어맞기를 바란다. 이미 얻고 나면 또 잃을까 두려워한다. 그러나 나라는 그 나라가 아니고 백성은 그 백성이 아니다. 안위(安危)와 존망(存亡)은 마치 북쪽 오랑캐(胡人)가 (남쪽) 월(越)나라 사람의 살지고 마름을 보는 것과 같은 상태에 처한다. 그 시행하는 바는 권세가의 의향을 우러러 그 향배(向背)로 삼고, 오로지 그 총애를 잃어 폐출될까 두려워할 뿐이다. 근래에 프랑스는 오랫동안 도시가 포위되어 있으면서도 나가 싸우지 못했다.[113] 그저 권세가에게 아첨하여 그 자리를 다졌을 뿐이다. 거리낌 없이 함부로 행동하는 무리는 관리를 살해하였다. 상하(上下)가 마치 길가다 만난 사람처럼 서로를 대하였다. 양식이 떨어져 항복을 구걸하기에 이르러서야 멈추었다. 어디에 그 부국강병이 있겠는가?

---

113 보불전쟁(프랑스-프로이센전쟁, 1870년 7월 19일-1871년 1월 28일) 중 파리는 1870년 9월 19일부터 1871년 1월 28일까지 4개월 이상 프로이센군에 포위되어 있었다. 이 기간에 프랑스 최후의 군주정인 제2제국이 무너지고 프랑스 제3공화국이 시작되었다. 야스이 솟켄의 제자 가운데 시나가와 야지로(品川彌二郎, 1843-1900)는 1870년 유럽에 파견되어 독일과 영국에서 유학하는 가운데 보불전쟁을 시찰한다. 보불전쟁에 대한 야스이 솟켄의 지식은 시나가와와 같은 제자들을 통해서 신속히 전해졌을 것이다.

獨米利堅興於流氓, 始無君長。及華聖頓却英兵, 爲置共主, 四年一更。其法
若最無弊者然。然近聞其情, 其爲共主者, 冀展期限, 擬代立者, 爭欲得之。
賄賂旁牛, 醜聲遠播, 殆有不忍聞者焉。以予所見, 其勢亦將不久而變矣。夫
利之所在, 不以義制之, 其究必至亂。

오직 미국만이 유민(流民)에서부터 일어났기에 처음부터 군장(君長)이 없었
다. 워싱턴이 영국군을 물리치고 대통령을 두었는데, 4년에 한 번 바뀐다.
그 법은 가장 폐단이 없는 것 같지만, 그러나 최근 그 정황을 들어보면, 그
대통령 된 자는 기한을 연장하려 하고 대신 서려는 자는 다투어 그 자리를
얻으려 한다. 뇌물수수가 횡행하고 추문이 멀리까지 퍼지니, 아마도 차마
들어주지 못할 것이 있을 것이다. 나의 소견으로는 그 세(勢) 역시 오래지
않아 변할 것이다. 이(利)가 있는 곳을 의(義)로써 제압하지 않으면 그 끝은
반드시 난(亂)에 이를 것이다.

故聖人建法, 諸侯以上皆象賢, 士大夫世祿, 而鄕擧里撰, 以助其不逮。雖
間有無道之君, 積威之所壓, 民不敢作亂。分定故也。孟子曰, 貴貴尊賢, 其
義一。不可易焉耳。

그러므로 성인(聖人)은 법을 제정하니, 제후(諸侯) 이상은 모두 선조의 현명
함을 본받고,[114] 사대부(士大夫)는 대대로 녹(祿)을 받으며, 향거이선(鄕擧里
選)[115]으로써 그 부족한 바를 돕는다. 비록 간혹 무도한 군주가 있더라도,
오랫동안 쌓아온 권위가 누르기에 백성은 감히 난을 일으키지 못한다. 분

---

114 『儀禮』「士冠禮」 "繼世以立諸侯, 象賢也." 鄭玄注 "象, 法也. 爲子孫能法先朝之賢, 故使
　　之繼世也."
115 각 지역의 지방관이 우수한 인재를 천자에게 추천하여 관리로 삼는 제도이다.

(分)이 정해져 있기 때문이다. 맹자(孟子)가 "귀한 이를 귀하게 대함과 현자를 받듦은 그 의의가 같다"[116]고 한 것은 틀림없이 확실한 말이다.

況
皇朝以忠厚建國。自
神武天皇定都於橿原
列聖相承, 培殖斯民。深仁渥澤, 淪其脾腑。是以民尊之如神明, 親之如父母。有言涉悖逆者, 憎之如虺蝎。雖道有汙隆, 運有否泰, 一姓統御二千五百有餘年。以豐臣氏之豪奢, 猶不敢凱覦神器, 非亦以分所定邪。況
今上英明, 冲年能復舊物, 百度皆熙。未聞有失德之事。可謂不世出之主矣。而淺學無識之徒, 欲取無君之邪說, 以施之皇國。謂之赤族之罪, 其誰爲不可。

하물며
황조는 충성과 도타움(忠厚)으로써 건국하였다.
진무천황(神武天皇)[117]이 가시하라(橿原)에 수도를 정한 이래
열성(列聖)이 이어받아 이 백성을 길렀다. 깊고 두터운 인애와 은택이 그 내장에까지 스며들었다. 그러므로 백성이 그들을 신명(神明)처럼 받들고 부모처럼 대하였다. 말이 패역(悖逆)에 관계되는 자가 있으면 살무사와 도마뱀처럼 미워했다. 비록 도(道)가 흥하기도 하고 가라앉기도 했으며, 운이 좋을 때도 있었고 나쁠 때도 있었지만, 일성(一姓)이 이천 오백여 년을 통어(統

---

116 『孟子』「萬章下」 "貴貴尊賢, 其義一也."
117 일본의 초대 천황으로 기원전 660년 즉위하였다.

御)했다. 도요토미씨[118]의 호사(豪奢)로도 신기(神器)[119]를 감히 넘보지 못했으
니, 또한 분(分)이 정한 바 아니겠는가. 하물며

지금의 천황께서는 영명(英明)하시어, 젊으신데도 옛것을 회복하실 수 있었으
니, 온갖 제도가 모두 빛난다. 덕을 잃은 일을 들어본 적이 없다. 불세출의
주군이라고 일컬을만하다. 그러나 배움이 얕고 아는 것이 없는 무리는 무군
(無君)이라는 사설(邪說)을 취하여 황국에 시행하려 한다. 그것을 멸족할 죄
라고 부른들 그 무엇이 안 되겠는가.

昔者楊墨塞道, 孟子闢之, 使聖道復明於後世。耶蘇之塞道, 百倍楊墨。今雖
嚴禁其敎, 其言則浸淫於洋書之中。其害人心, 已有如此者焉。予老矣, 不能
復與東西風靡之徒辨其是非邪正。足下亦知我心之悲邪。足下嘗游於我門。
與聞忠孝仁義之說。非淳乎異端者之比。苟亦與彼徒附和, 以唱共和之說,
其罪甚於不知而爲之者。請自此絶, 勿再踵我門。若猶未也, 亦愼所以自處。
書不盡言, 唯足下思之。頓首。

옛날 양주(楊朱)와 묵적(墨翟)이 도를 막자 맹자가 열어 성도(聖道)가 다시 후
세에 밝아지게 하였다. 예수가 도를 막음은 양주와 묵적의 백 배이다. 지금
비록 그 교를 엄히 금하여도 그 말은 양서(洋書) 속에 스며들어 있다. 그것이
인심을 해침이 이미 이와 같다. 나는 늙어서 더 이상 동서를 풍미하는 무리
와 더불어 그 시비사정(是非邪正)을 따질 수 없다. 귀하 역시 내 마음의 슬픔
을 알 것이다. 귀하는 일찍이 내 문하에서 놀았고, 함께 충효인의의 설(說)
을 들어, 이단자의 무리에 물들지 않았다. 그런데도 만약 그 무리와 부화뇌

---

118 도요토미 히데요시(豐臣秀吉, 1537-1598)를 말한다.
119 일본신화에서 천손(天孫)이 강림할 때 아마테라스오미카미(天照大神)가 니니기노미코토(瓊
    瓊杵尊)에게 주었다는 세 가지 신기(三種神器)로서, '구사나기의 검(草薙劍)', '야타의 거울
    (八咫鏡)', '야사카니의 곡옥(曲玉)(八尺瓊勾玉)'을 말한다.

동하며 공화의 설을 외친다면, 그 죄는 모르고 하는 자보다 심할 것이다. 지금부터 (나와의 관계를) 끊고서 다시는 내 문하에 발걸음을 하지 말기 바란다. 만약 아직 결정하지 못했으면 역시 처신을 신중히 하라. 글로써 다 말하지 못하니, 귀하가 생각해 보기를 바란다. 돈수(頓首)[120].

---

120 머리를 땅에 닿도록 숙이고 절함. 편지 끝에 써서 경의를 표하는 말이다.

인명 찾아보기

서명 찾아보기

기타 사항 찾아보기

제3부
————————
영어 번역본

"BEMMO"

OR

"AN EXPOSITION OF ERROR,"

(BEING A TREATISE DIRECTED AGAINST
CHRISTIANITY)

BY

YASUI CHIUHEI,

(A Yedo Scholar)

WITH A PREFACE BY

SHIMADZU SABURO.

YOKOHAMA:
PRINTED AT THE "JAPAN MAIL" OFFICE.
1875,

INTRODUCTION.

———

THE Essay of which the following is a translation is a treatise directed against Christianity, and forms one of a collection of three essays,—entitled "*Bemmo*" or "An Exposition of Error"—written by a distinguished Japanese scholar named Yasui Chiuhei. The other two essays in this collection treat on different subjects and have, therefore, not been translated.

The object which the translator has proposed to himself in publishing this translation in its present form, is to give the reading public access to a work, which is valuable in his opinion,—not owing to any originality or force displayed in the arguments brought forward in it,—nor from the justness of the conclusions arrived at by the author—but simply, as shewing the objections which an educated Japanese raises to the doctrines inculcated by the Christian Religion.

The high position which the author occupies amongst Japanese *literati*, added to the fact that the preface is written by Minamoto Hisamitsu (better known to Foreigners as Shimadzu Saburô), the brother of the late Daimiô of Satsuma, and the father of the present ex-Daimiô, has given the work a wide circulation amongst thinking Japanese.

The Translator cannot but be aware that this pamphlet can have an interest for only a certain, and that a very limited class of Foreign Readers. It has, however, been represented to him that a translation of this work,—which being written in the *kambun*, or Chinese style, presents no slight difficulties to new students of the Japanese language,—might possibly be useful to missionaries newly resident in Japan, in so far that it might serve to point out the particular objections to the teachings of Christianity which naturally present themselves to a cultivated Japanese mind, and might shed some light on the obstacles which stand in the way of the ready acceptance by the Japanese people of the doctrines on which Christianity is based.

The Essay, as will be seen, is an attack throughout on Christianity generally, but it is divided into five parts. In the first, the author confines himself to a criticism of the Old Testament ; in the second and third portions, he deals with the New Testament ; in the fourth he draws a comparison between Christianity and other Religions : and he concludes in the fifth with a discourse on the system of nature. In this last, there are several passages, more especially some on the subject of divination, which it has been thought might with advantage be omitted.

In the few notes attached to the Translation, the Translator has endeavoured, wherever it appeared necessary, to present the meaning of the original in a clearer light.

JOHN HARINGTON GUBBINS.

British Legation, Yedo,
   June, 1875.

PREFACE.

Those of our countrymen who admire the marvellous acts and skill of western nation have without exception carried their admiration as far as believing in the Jesus, and some there are of these who are for extending this Religion throughout the country, which is a great evil. As for that, the errors of the Religion of Jesus are of course so palpable that they do not require to be exposed, but the doctrines of this religion are so clever, plausible, and insinuating that men are apt to be led astray by them. Should these, therefore, be left unrefuted on the ground that they need no refutation, the followers of this Religion will increase in strength and influence more and more, until at last they will lead the whole nation with them, and cause them to submit to their Doctrine ; and then there will be no putting a stop to its power.

The basis of the Religion of Jesus is the worship of Heaven. The Heaven is a fixed principle. The submission of the child to its parent and of the servant to his master are likewise fixed principles. Submission to these principles is rewarded; their transgression is followed by punishment. Heaven thus rewards men good or evil according to their deeds. If servant and child by worshipping Heaven, and treating master and parent, though these exist, as though they did not, seek to gain a reward for their conduct,—this is rejecting the principle of Heaven. The effect of this will be that the principle of master and servant will cease to exist, the affection between parent and child will die out; and then where is the place to which disorder will not reach? No time then must be lost in exposing the falseness of this Religion.

Yasui of Hiogo being anxious with regard to this point (i.e. the spread of this Religion) has written this "exposition of error," and sending to me from a long distance off a copy of it, has asked me to write the preface.

On looking over his work I find that the arguments used in combating the Religion of Jesus are lucid and clearly arranged, and that the author has struck at the root of the matter. Those who read the book are forced to agree entirely with its contents. When the work comes out I feel convinced that the effect on the minds of people at large will be as when the sun shines forth and shadows are dispelled. It will rob the followers of this doctrine of their courage, and will remove all cause for the nation to go astray. This is indeed delightful to contemplate!

Yasui is a man of years and one of the learned men of the day. He has outgrown all desire to hold office under the Government, but being unable to restrain his solicitude for the welfare of his country, and his patriotic desire to combat false doctrines, this book is the result. His motives are the same that induced *Moku** to oppose the doctrines of *Yô* and *Boku,* and which made *Kanju** in like manner combat Buddhism and the doctrine of *Ro.* His skill also in my opinion is in no way inferior to their's.

Though but an illiterate individual myself, I too, like Yasui, am solicitous for the welfare of my country, and thus I have found the greatest pleasure in writing the above.

(Signed)   MINAMOTO HISAMITSU.
Jiunii.

6th year of Meiji, 5th month, 1st to 10th day, 1873.

---

* Prominent Characters in Chinese History.

" BEMMO "

OR

" AN EXPOSITION OF ERROR. "

I, Haukiushi, who am now an old man, having had leisure, and being free from care, took up the " Foreign Book " and read it. I have thrown it aside after perusal, and now proceed with grief to state my objections.

The errors of the " Foreign Book " are monstrous, and without reason ; the arguments contained in it are shallow, and do not properly need any refutation on my part. But foolish people being deceived by this " Foreign Book " believe in it, and retain this belief until they die, which is a source of trouble and disturbance, and this evil would seem to be gradually extending itself until it threatens to reach us, so that to with-hold explanation longer would be wrong. I propose, therefore, to shew the subject-matter, as it presents itself, in a clear light.

This Book states that a certain god named Jehovah was born before the heaven and the earth were in existence. This God created the heaven, and the earth, the sun, the moon, the stars, and everything between the heaven and the earth. This was done in six days He made the seventh a day of rest. He mixed some dust together and with it made a man in his own image whom he called

Adam. Having done this, he said that it was not good for a man to live alone, so taking advantage of a time when Adam was fast asleep, he took one of his ribs, and putting flesh on it, formed of it a wife for Adam, to whom he gave the name of Eve, and made the two rulers over every thing on the earth. Eve being deceived by a serpent, ate forbidden fruit, and therefore, as a punishment for her transgression, all women of the future were given pains in conception and also in child-birth.

‡ Now I have always held that gods are supernatural beings and consequently have no visible forms. There can be no greater miracle than the creation of the earth by " God " in six days. That his form should be nevertheless insignificant, and like to that of a man,— is not this very strange? Again in the making of Adam he took some dust and out of it made a body ; and with regard to Eve, he put flesh on the rib which was taken from Adam. Here in the creation of man materials were needed. I do not understand with what materials the earth, sun, moon and every thing else were made.

" The serpent was more subtil than any other living creature." Then it would have been better not to have created it, and why, having created the serpent, did he (god) cause it to deceive Eve, and make her eat the forbidden fruit ? Now a serpent cannot speak, so those who teach the " Foreign Book," fearing the people will not believe what is in it, put a gloss on the matter, and say that it was the Devil who had taken the form of a serpent. According to the " Foreign Book " the Devil was an angel who had fallen into Hell. But there were no angels before Adam's time. If Eve committed a crime in eating

---

‡ The author's argument here appears rather disconnected, but the reasoning evidently rests upon the statement that " God created man " in his own image,"—and may be construed thus :—

" With reference to the above statement I have always held that gods " are supernatural beings and therefore do not possess visible forms. " Now going on the assumption that the story of the creation as told in " the " Foreign Book" is a fact—the fact of this great miracle being " performed shews that the creator was a god—But how a god with a " form like that of a man ?"

the forbidden fruit, to punish this fault was right. But
to punish, not only Eve, but all future generations of
women for her offence, by giving them pains in child-
birth,—why this punishing of the innocent? In all
living things there are male and female, as in birds and
animals, and these all multiply their kind. What crime
have the females amongst birds and animals committed
that they should have been caused to have pain in
parturition? Are we to understand that if Eve had
not eaten the forbidden fruit, she would not have given
birth to children? If so, then he (god) would never
have been able to stop making men of the dust of the
earth, and why with a fore-knowledge of the never-
ending task before him did he not dread such a tedious
labour? §

"From Adam to Noah were 10 generations—about
"2,000 years. Now Jehovah saw that the people of the
"earth were wicked, and he repented having made them,
"and resolved to destroy everything down even to the
"very insects of the earth. But he was pleased with the
"uprightness of one man, Noah, and caused him before-
"hand to construct a large ship 300 feet long. Noah
"entered this ship taking with him his wife and children,
"and a pair, male and female, of all living things. Then
"the great deep was divided and broken up and a great
"rain fell for 40 days and nights, and the water was 15
"feet above the highest mountains under the whole
"heaven, and the earth was covered for 150 days. All
"living things died. The waters then retired and
"Noah's three sons were permitted to live in different
"places."

What a fearful act of violence on the part of Jehovah!
However great may have been the wickedness of the world,

§ Namely if Eve had not eaten the forbidden fruit she would not have
been condemned to suffer pains in child-birth. Now the general system
of nature, which is throughout consistent, teaches us that there can be
no parturition unaccompanied by travail. Then we are driven to the
conclusion that if Eve had not eaten the forbidden fruit she would not
have given birth to children. But how is it possible that the deity can
have created man with a foreknowledge of his inability to reproduce
his own species, thus entailing upon himself a never-ending task of
creation?

all can not possibly have been so depraved. There must have been some good people amongst them. Without teaching these people what was right, and making no distinction between great and small offences, suddenly, when they were unprepared, he divided the great deep and caused them all to be drowned,—sparing neither beasts nor birds. Having an affection for Noah he caused him to build a ship beforehand and thus enabled him to escape the catastrophe. With such a disposition as is shewn by the foregoing,—can this be called the Ruler of the Universe ? However, this Jehovah, speaking in an arrogant and imperious manner, says :—" I am one that makes no distinctions between men !" Who, I ask will believe this ? Rain is caused by the air above descending and meeting the earth's vapours which ascend in like manner. The heavens appear as a blue expanse. But where the place called " the Great Deep " is, I am at a loss to know. From Noah to Joseph the father of Jesus there were 50 generations. If we take each generation at 45 years this gives about 2.300 years. Jesus was born in the 30th year of the reign of our Emperor Suijin Tennô, and in the first year of the period of *Genshi* in the reign of the Emperor Heitei of the *Kan* Dynasty (in China.) Taking the Chinese History and reckoning backwards, we find that the date of the great flood in China which occurred in the reign of Giôtei of the To Dynasty, was also about 2,300 years ago. Noah's descendants lived in the extreme west of Asia.*
The country in which they lived is separated from China by the *Sorei* (sic) mountains. The *Indo* † (sic) river like the river *Kô* ‡ (sic) has its source in the *Sorei* mountains. The *Indo* river passes along the eastern side of the *Sorei* mountains and flows into the southern sea. The river Ko passing through China enters the eastern sea. Therefore as the date of the flood (mentioned in the " Foreign Book ") corresponds with the date of the flood which

---

* The geography here is very confusing.
† Indus ?
‡ Hoang-Ho ?

occurred in China during the reign of the Emperor Giyo-
tei, that the flood took place is clear, but that the water
rose to the height of 15 feet above the mountains under
the whole heaven is false.

The book *Giôten* (written in the reign of Giyôten an Em-
peror of China*)* says :—" The flood surging and swelling
spread in great waves all over the land and surrounded the §
sides of the mountains." The sage Mencius in speaking of
" the flood says : Those who inhabited the low lands made
"places in the tops of trees like bird's nests in which they
" lived, while those who dwelt in the hills made holes in the
"sides of the hills into which they crept and lived." Sup-
posing the water to havebeen (as is stated in the "Foreign
Book ") 15 feet above the tops of the mountains under the
whole heaven, the whole earth would have become an ocean.
How is it possible that the people of China could have
been able by making nests and holes to live in to escape
the Disaster ? It must be that the words "under the
whole heaven" refer only to the small area of country
comprised in Egypt, the Red Sea, and Judæa. Now the
countries in this area lie low, and moreover are situated
between the two rivers *Indo* || and *Aikiu,* ¶ and it is
possible that at the time of the flood the people of these
countries being yet uncivilized* fell into the water and
were drowned, and that one man, Noah, happening to be
wealthy built a large ship and put all his effects into it ; and
that when the flood came upon that region he got into his
ship and escaped the general ruin. The teachers of this

---

§ But did not go further.
|| Indus and Nile ? "*Aikiu*" stands for Egypt and has probably by
mistake been applied by the Author to the Nile.
¶ Chiukei evidently considers that the only rational way of account-
ing for the flood mentioned in the Bible is to suppose a simultaneous
overflowing of the two rivers Indus and Nile.
The practical impossibility of the district watered by the Nile being
affected by the Indus overflowing its banks or *vice versâ*,—seems not
to have occurred to him.
* The meaning is evidently this—that the inhabitants of this region
were not civilized like the Chinese, but mere savages untutored in any
arts whatever, and quite incapable of doing any thing to save themselves
from the flood. This is somewhat incompatible however with the build-
ing of a ship referred to in the following lines, from which it would
appear that the other savages did not build the ship because they did
not happen to be as wealthy as Noah.

Religion who lived after those times wishing to intimidate
people by borrowing the name of Jehovah, invented this
lying fabrication, and made a supernatural occurrence out
of it.

"Now Jehovah seeing the people building a high
" tower and inciting one another to fresh efforts in the
" work became alarmed lest their pride should become so
" great that they could not be kept in check, so he brought
" about a confusion of tongues."

Mankind are placed in different localities by heaven
and seas and mountain ranges are constructed in order to
serve as boundaries between different nations. Each
nation lives quietly in its own country and acquires its
own manners and customs. The difference which exists
between nations' languages and that which marks their
respective manners and customs are the same. § How
is it possible that the confusion of tongues by Jehovah
should be waited for? All the stories in the " Foreign
Book " are like the foregoing. If I were to take them one
by one and expose their falseness, a whole month would
not suffice for the task.

The affection which Jehovah had for Noah extended
to his successor of the ninth generation—Abraham, and
to the latter's great-great-grandson Moses. He appeared
frequently to these men and held long conversations with
them. Abraham's first name was Abram ; his grandson
Israel's first name was Jacob. Both of their first names
were altered by Jehovah. Israel did not love his wife
Leah, but loved her younger sister Rachael. Jehovah
caused Leah to conceive, and afterwards remembering
Rachael, suffered her to conceive. Now the creation by
Jehovah of the universe in 6 days is a great deed. But
his appearing to these two men, and changing their names
through his love for them, and his bringing his influence
to bear upon the married couples, and again his taking

§ " How is it possible that the languages of the different nations
" should have delayed their natural changing until a confusion of
" languages was brought about by Jehovah ?" The change which takes
place in a nation's language is a natural growth, and cannot be influenced
by the sudden caprice of a deity.

measures to prevent any ill-will arising between the elder
and younger sister,—these acts of his resemble rather
the relations which subsist between members of the
same family. How small and petty they seem! Israel's
son Joseph being envied and disliked by his brothers
was taken by Jehovah into Egypt. The King of
the country, Pharaoh, having seen in a dream seven fine
cattle and seven poor ears of wheat, Jehovah explained
thedream to Joseph and caused him to tell Pharaoh
that his dream was a true dream. Joseph said :—
" There will be seven years of plenty " which will
as surely be followed by seven years of famine."
The King thought that he must be a God, and raising
him to dignity made him Governor of the land.
During the seven years of plenty he took a fifth
part of all the corn in the country and stored it in
granaries to serve as a supply in the seven years of
famine. All countries bought corn of Egypt on account
of the famine. As Joseph fore-saw the seven years of
famine, it is clear that Jehovah must have foreseen it.
Jehovah following they precedent of the day of rest made
each seventh year a year of rest and did not permit any
work to be done in that year. But fearing the conse-
quences of there being no food he said :—" In every
" sixth year I will provide you with three years food."
It follows then that years of plenty and years of famine
were both in his knowledge beforehand ; and he being
the Lord and Controller of the universe, mankind are his
people. Why then did he not come to the rescue of the
people by turning the famine into plenty ? Why did he
make them part with their valuables to Joseph in exchange
for rice, in order to make Joseph's name illustrious. Now
Egypt is only the North-East corner of Africa. How
could the storing up of seven years supply of corn possi-
bly avert a seven year's famine from the whole world.*
By this the impossibility of believing the story of this
famine is made clear ; and it being impossible to give

* According to Chiuhei the " whole world" must be taken to mean
only those countries within the knowledge of the writer of the Bible

absolute credit to it, even those who believe in the teach-
ing of Jesus do not make the seventh year a year of rest,
nor do they leave off work in that year. People who
are able to think and judge for themselves are not easily
deceived by such false teachings.

Jehovah when taking Moses the son of Joseph out of
Egypt worked several miracles being desirous of
spreading his fame throughout the world. He caused
Pharaoh to rebel in his heart and to refuse permission to
Moses to leave Egypt. By means of nine different
miracles the people of Egypt were afflicted, † and the
miracles performed were many and marvellous in kind.
At last he killed one individual in every house of Egyp-
tians throughout the land, and their cattle suffered in the
same way. The Israelites then leaving Egypt, Jehovah
caused Pharaoh to pursue them, and drowned the Egyp-
tian host in the Red Sea. It being thus, as it appears by
the above, in the power of Jehovah to cause Pharaoh to
rebel in his heart, and likewise to make him submit to his
wishes,—why did he not bring about friendly relations
between Pharaoh and the Israelites? Why on the
contrary did he bring great affliction on his (Pharaoh's)
people, and in the end destroy them? Now a person
would be hated by every one who performed miracles
in order to further his own interests, but this Jehovah
killed thousands of people for the mere purpose of
spreading his fame over the whole world. The acts
of the devil we have mentioned, himself, even fall
short of this! How is it possible to assert that the
creator of the universe did this? Those of the ten
commandments which inculcate filial piety, and forbid
murder, covetousness, theft and licentiousness resemble to
a certain extent the doctrines of our ‡ own religion, but
only in so far as precept goes. When it comes to be a
question of practice, what Jehovah does is to punish all
who love other gods, or worship graven images, or do

---

† The original has great force here—" Masu masu yedashité, Masu
‘ masu kinari.”
‡ The precepts of Confucius are evidently referred to.

not believe in him. Therefore it was that he punished Aaron for making a metal ox and worshipping it, and the people in the adjacent countries were exterminated for the same reason. Korah and his adherents rebelling against him, he caused the earth to swallow them up. The two daughters of Israel § who were both unmarried, after planning with one another made their father drunk and slept with him by turns. Again a woman who was a widow concealed her face, and saying she was a harlot committed fornication with her father-in-law. In spite of this in all three cases children were born without any ‖ concealment being practised. We turn from this with repulsion ;—even birds and beasts behave better. But notwithstanding this, no punishment was inflicted on the offenders. This is to cause fornication to be practised,—to uphold the despising of fathers and mothers.

When Moses was about to leave Egypt Jehovah caused him to steal by fraud from the Egyptians their gold and silvers utensils. This amounts to instruction in theft. When he ordered Moses to destroy the people of any neighbouring country, he caused a fiftieth part of the spoil taken, and the first born of men and of cattle, to be given to him and he then caused these to be bought back again from him. This is not only not rebuking covetousness, but being the first to set the example of covetousness. We have seen two instances where he destroyed by water those whom he hated. In the first instance he destroyed them by the Flood ; in the second he destroyed them in the Red Sea. When Moses was about to conquer the countries opposed to him, he was further ordered utterly to exterminate the people of those countries. Can there be a greater love for killing than this ?

If we look through this "Book" we see that Noah was the first to believe in and obey this malignant Deity,—that Abraham was the first to propagate this belief,—and

§ Mistake for Lot.
‖ The idea of *shame* is clearly implied in this word. That no concealment was considered necessary plainly shews that there was no shame.

that Moses brought it to perfection. Moses was a clever man but craftily wicked. He borrowed the power of Jehovah, and expanded it, and by its means deceived the nations living in the surrounding country. Afterwards coming up with his soldiers he destroyed them. When these hostile nations were in a position such that they could not be conquered, he said :—" Jehovah will not grant us permission." When, however, he saw an opportunity of destroying them he said :—" Jehovah leads us on." With selfish and ambitious intent he simply desired to extend the boundaries of his territory.

For the reasons above-stated little mention is made of other nations in the " Foreign Book,"¶ and in this fact we have distinct and indubitable proof that the country spoken of in this Book consists only of the tract of land which is comprised in the corners, adjacent to each other, of Asia and Africa.

¶ The author does not state his promises here very clearly but his argument would seem to be this.
" On account of this book being devoted to the story of the descendants " of Noah there is no talk of other nations or worlds—and in this fact " &c. &c."

PART II.

With regard to man and his position in the world,—his parents give him birth, and his lord and master has the charge and maintenance of him. He receives no greater kindnesses than from these. Confucius established the doctrines of repaying these kindnesses and called them respectively " *Chiu*" and " *Kô*." Acting in obedience to the " *Kô* " doctrine and following out and extending the same,—beginning with those relations who are connected with a man by the closest and most intimate ties of relationship and for whom the black hempen mourning-garments are worn, and going on to the most distant relations for whom no mourning-clothes whatever are worn,—these are to be treated with affection,—these are to be embraced with love. Acting in obedience to the " *Chiu*" doctrine and following out and extending the same, respect and submission are to be paid to all in authority from the highest and most exalted officers of state down to the very lowest official. Nor is it sufficient to carry out these precepts only with regard to one's own country, they are to be observed in our relations with the whole world. If these doctrines be universally applied, all people will live tranquilly in their homes and the whole world will be in peace. Therefore the "*Chiu*" and "*Kô*" doctrines are the * great doctrines to be observed by living man.

In Judæa there dwelt a man named Jesus Christ who preached the Religion of Jehovah. According to his teaching :—"The master and the parent are only tem-"poral,—the real master and real parent being in heaven. "Jehovah is this, † and I am his son. He sent me to "save the world. Therefore he loves me ; and he will "give to those who love him eternal life ‡ and an impe-"rishable crown."

Why are the master and the parent made only temporal? My parents have the power to give me my body but they have no power to give me my spiritual nature ; my master has power to cause me to live or die, but he has no power to do the same with my spiritual nature ; so that a man's body is temporal but his spiritual nature is real. Therefore it is the doctrine of Heaven § to extol the ‖ real and to despise the ¶ temporal.

The teaching of Jesus has the the effect of making sons shew a want of affection for their fathers, and daughters for their mothers, and it creates estrangement between a wife and her husband's mother.* However, Jesus knowing that it was impossible to destroy the bond of affection which unites the members of a family, established his teaching to a certain extent on the principle of filial affection ; but fearing lest this should exceed the love felt for himself he said :—"I do not like the love for "parents to exceed the love felt for myself, or the "love of parents for their children to exceed the "love felt for myself." Jesus was once engaged in conversation with some persons when his mother and brother came wanting to speak to him. On some one

---

* "*Great*" in the meaning of "*Best.*"
† Combines both relations in himself.
‡ Literally "*undying life.*" "Life" 榮 not the mere fact of existence, but life with an idea of prosperity, vigour and health.
§ *i.e.* the Teaching of Confucius.
‖ 1 *i.e.* Spiritual nature.
¶ 2 *i.e.* Body.
* Affection for her mother in law is accounted one of the first duties of a wife in Japan.

13

telling him of this he replied :—"Whom do you call my mother and whom do you call my brethren." His motive in acting thus was, I think, in teaching his followers to make everything as open and public as possible,—he being unaware at the time that he had fallen into a false belief. Again the father of one of his disciples having died, his son asked to be allowed to go and bury him. Jesus refused him this permission saying that he was his disciple and that he was to suffer the dead to bury their dead, meaning thereby that those who buried the father would die also in like manner,†—and further telling him that if he obeyed him he would live for ever. And when it came to the question of men's (relations with their) lords and masters—Jesus caused these to be treated just like other people—to be looked upon in fact as outsiders. And he did not stop here, but if there were sovereigns who did not believe in him, he considered these as his enemies, and he desired to be victorious over all these and make them believe in him. He regarded the officer who received the customs' dues as his enemy and in the same light as a thief, and if this principle be followed up, it comes to this, that his sovereign was also looked upon by him as the same. Speaking of himself he said he was the Son of God, and therefore that there were none above him in the world. It follows, therefore, that he treated rulers as of no account. In consequence of this it was that his follower‡ * * * * said in answer to one who told him that he should obey the ruler of the country :—"I know of no sovereign and of no " other Gods. I only reverence and worship the God in " heaven. I pay my share of the sum of taxes to the " Emperor, and in doing so I acknowledge him as ruler, " but I do not bow myself down before him. In thus " paying him my taxes, and acknowledging him as ruler I " confer an obligation on him." Ah ! Confucius establish-

---

† The author appears to penetrate the full meaning of this i. e. that the father could not look forward to the future bliss promised to his son if he served Jesus faithfully, and therefore that the son should leave his father to be attended to by those who thought and felt like he did.
‡ Seporairiu—St. Paul ?

14

ed the doctrines of " *Chiu* " and " *Ko* " as the basis of his Teaching. And when these doctrines are not followed, master and fathers are sometimes even killed.

According to the teaching of Jesus the master and parent are only temporal, and inferior to the "real master" and "real parent,"—and the effect of belief in this teaching is that "temporal masters" and "temporal parents" are sinned against, while "real masters" and "real parents" are loved. By this means great happiness in heaven is secured, and in proportion as the sin on the one hand becomes greater, so on the other hand does the future happiness increase. If people be led in this belief there is no evil which they will shrink from committing. They will do whatever is for their own convenience, and this being the case those who believe in this religion, even if they disobey master and parent, do not act contrary to the teaching of Jesus ; and do not mind throwing away their lives so long as they do not forfeit eternal glory. When people reach this stage of infatuation, no punishment has any terrors for them, and rank and wealth § are of no account with them. ‖ Truly it must be perplexing for masters and parents who believe in this religion !

Confucius says :—I cannot yet understand the world I live in ; how is it possible for me to know the next ? " The question of the ¶ after state not being fully explained by Confucius, is consequently not understood by those who rank next to him in understanding. Jesus says much on the subject, and speaks of the future world as of a place in which he has been ; and if (for the sake of argument) we suppose what he says to be true, the immortality he speaks of must have reference only to the soul.* Now the knowledge and understanding of the

---

§ Lity—"Allowances" or "pensions" received from Government.
‖ Meaning that any punishment they may inflict will be without effect.
¶ Literally—"what comes after death."
* This argument is intended to shew the inseparableness of the mind and body.

mind (or soul) proceed from the body,† and it, the mind, decides upon‡ the sensations experienced by the body, namely the senses of taste, sight, hearing, smell, and ease, which are derived from contact (or association) with foreign objects.§ Although Jesus considered the body to be insensible and devoid of feelings, yet it has not yet happened that eyes have heard what ears have seen. If the body is fatally injured association with external objects ceases ; that is, that the ‖ five senses and ¶ seven failings (or passions) lose their functions. Those who preach the doctrine of Jesus support this view of the relations between mind and body most strongly, and say that as in dreams there are sensations both of pain and of pleasure, so with the soul (after death) there is both pain and pleasure. These people are ignorant of the fact that dreams are caused by the body. There are none in the world who have even in a dream seen themselves walking on their heads or taking hold of things with their feet. And why ?—Because what is impossible as regards the body cannot be represented in a dream. One's feelings and senses are set in motion by the body, and joy and sorrow are the effects of this. If the soul be separated from the body it is clear that it can experience neither pleasure nor pain. It follows, therefore, that even Jesus cannot impart of his own will senses and feelings to the soul.

He (Jesus) goes on to say that "after death there is no marrying or being given in marriage." Now eating and drinking and sexual intercourse are the great ¶ desires of man, *and if there be no marrying or being given in

---

† *i.e.* the mind receives from the body the subjects upon which it exercises its intellect and discrimination.

‡ *i.e.* pronounces them agreeable or the reverse.

§ This seems rather a vague and unmeaning assertion but the author is going on the belief that Jesus regarded the body as destitute of functions and considered that these were performed by the mind. And Chiuhei is further supposing that if the mind were to have the ordering and disposal of the bodily functions it would have arranged them in a different manner to their natural order.

‖ 1.—the senses of taste sight hearing, and smell and the sense of bodily ease and comfort.

¶ 2.—These in their Japanese order are " Joy Anger, Love, Fear, " Hatred, Desire, and Sorrow.

* *i.e.* "principal."

marriage with the soul, it follows that there can be no eating or drinking. ‡ And if this be the case, there is no advantage in living, and as for imperishable crowns, I for my part have no wish to receive one, and I have no fear of eternal fire. Supposing that Jesus were the Son of God and rewarded those who believed in him, and punished those who loved their parents and honoured their lords and masters more than they did him, even were I to become the very devil himself, I would not fail one jot in my love to my parents or in my duty to my master.

‡ Compare Cicero De Amicitiâ—Cap. IV., § 14.
" Sin autem illa veriora ut idem interitus sit animarum et corporum
" nec ullus sensus maneat : ut nihil boni est in morte sic certe nihil mali.
" Sensu enim amisso fit idem quasi natus non esset omnino."
† " If says the author, the natural desires and pleasures of man are
" wanting in the future existence, life brings no benefits with it,
" and I myself have no wish to participate in the pleasures of a life
" which is represented as consisting in wearing imperishable crowns
" &c—and as for the Christian Hell, I don't believe in such a place."

17

PART III.

———

The story of Jesus by shedding his blood atoning for the sins of the world, of his return to life on the 3rd day after his death, and of his ascending into heaven at mid-day, are simply inventions of his followers. In the time of Jesus Buddhism prevailed in the part of the country to the south of where he lived while the religion of the Romans flourished in the north ; and in both of these religions idols were worshipped. These Religions were at the zenith of their power. Jesus was then young but possessed of a powerful intellect he successfully opposed them with the worship of a living God. He wished to abolish these Religions and make men believe in him. On looking through the Bible ; the new testament is evidently meant. We find that most of it is taken up with the struggle carried on (by him) with these two. It was in consequence of this that he said :—" I am not come to bring peace into the world but to create strife." Again by telling his followers of the punishment which those who did not believe in him would receive, and the prosperity which would accrue to those who did believe in him, he strengthened them in their convictions, and thus they assisted one another in opposing the other religions. Standing firm in their own belief they laboured strenuously to prove the falseness of the other doctrines. Consequently the adherents of these last hated the followers of Jesus as though they had been demons or noxious reptiles, and these latter exalted Jesus to the position of master amongst themselves, and wished to make him King, and therefore it was that the ruler of that country was offended with them. This is the cause of Jesus being crucified.

If Jesus had been desirous of sacrificing his own life to atone for the sins of the whole world, it stands to reason that on the night preceding his death he would have been composed and have experienced no mental suffering. But it appears that on the contrary the thought of death gave him great pain. He passed the night without sleeping, and even kept waking up his disciples, who were in attendance on him, to converse with them. Added to this there is the fact that Judas coveting the sum of thirty Rios sold him, and thus he did not deliberately and of his own free will give himself up to be killed. Jesus not knowing that he was to be betrayed selected the very man who afterwards betrayed him, and made him one of his twelve disciples.

His ignorance in this respect is stupendous. And judging from this instance of his ignorance, how could he possibly know that his death would be an atonement for the sins of the whole world? It is impossible that he could have known. When he appeared to his disciples on his return to life after death, he taught them differently (to what he did before his death). What Jesus said about living for ever without dying, he said with reference to the soul. Now if the body be once destroyed, it cannot be renovated. Jesus taught his disciples on this principle and stated plainly that if the body be once destroyed, it cannot be renovated. However, he nevertheless restored his own body to life again. In thus renovating his body—did he not place a high value on it to the neglect of his soul?

Jesus intended to ascend into heaven. Now the heaven is a void space. Even if he did raise his body again to life, (and ascended into the void), he would have

had nowhere to place his legs. There is no use for
the body in heaven. This is clear ; consequently Jesus
when he was dying cried out in a loud voice :—"Father
to thee I render my body !" Supposing that Jesus had
really returned to life and shewn this miracle, he would
have done well to have mixed with the people in the
world and made more of them believe in his religion.
But he only spoke (after his return to life) to his disciples
and to some old women. If was this which made people
in general doubt the truth of the affair. *Why is it that
Jesus did not understand the human mind better ?
These stories about Jesus are all like †that of the thief
who stole a round bell first stopping up his ears. The
more that pains are taken to hide (the truth) the more
readily does it shew itself. On the third day after Jesus
had died, the people of that place seeing that the
grave was opened, and that the body was not there, came
to the conclusion that his disciples had stolen it,—and
they were right. If we examine the feelings of Jesus's
disciples when he was killed, it would seem that fearing
lest people should not believe in his teaching, they pro-
claimed everywhere the fact that he had by shedding his
blood atoned for the sins of mankind, and stealing the body
by stealth, they gave out that he had returned to life. And
then again, afraid that people would not believe this,
brought forward, as evidence of his resurrection, the pro-
phecy which had been given previously that this would take
place. Before this, Jehovah, when speaking to Aaron
said with reference to the ceremony of the Passover :—
"You are to eat this in one room, and are not to carry
" any of the meat outside nor is a single bone to be broken."
Jesus when he died was crucified with two thieves ; the

---

* *i. e.* why did he not take pains to make them believe in him by
shewing himself to every one after his resurrection ?
† The story runs that a thief wanted to obtain possession of a
valuable golden bell. This bell was a round one which contained the
clapper inside and there was no means of taking the clapper out, or of
preventing the bell from tinkling, except by breaking it open. At last
a happy thought suggested itself. He stopped his own ears and then
stole the bell forgetting that this manœuvre would not further his
object, which was to prevent the tinkling being heard—as other peoples'
ears would be open nevertheless.

day after was the feast of the Passover ; and on this ac-
count the officer (presiding over the execution) ordered the
bodies to be removed at once. The two thieves were not
dead yet, so their legs were broken. Jesus was already dead ;
consequently his legs were not broken. Now the dis-
ciples of Jesus taking the injunction of Jehovah not to
break the bones of the Passover lamb, asserted that this
was a prophecy that Jesus should give himself as a sub-
stitute for all men, and atone for the sins of the whole
world. But the meat and the bones referred to by
Jehovah were those of the Passover lamb. If the fact
of the bones of Jesus not having been broken be brought
forward as evidence of a connection between the two
occurrences who again would eat the meat and the bones
inside the room ? Confucius says :—" *By excuses un-
easiness is known." The truth of this maxim is proved
by the conduct of the followers of Jesus.

---

* Namely if a man enters into explanations and excuses it shews that
he is not sure of his point. " Qui s'excuse s'accuse."

PART IV.

———

"In leading men's minds astray by the display of super-
"natural things, in despising the *Chiu* and *Ko* doctrine
"and exalting their own Gods, in regarding the period of
"life as of little value, and looking to happiness after death
"as the all-important end, and in encouraging men by the
"hope of a residence in heaven and frightening them at the
"same time by the prospect of Hell,—the teaching of Jesus
"is the same as that of Buddhism. The only difference
"between the two is the Buddhist principle of transmigra-
"tion which is not mentioned by Jesus. The practice of
"Buddhism in this country is of old date, and why should
"the latter oppose the teaching of Jesus, (since the two
"are so similar) ?"

The above is the opinion of ‡ignorant people.

Now there may be some resemblance between Budd-
hism and the teaching of Jesus, but on comparing the
two (although they are both bad) we find this differ-
ence,—that the evil of the first is slight, while that of the
second is great, that the one is harmless and the other
injurious. The Teachers of Buddhism say : ‡ "Leave
"your parents' care, and lead a virtuous life away from

‡ Literally "people with masks on"—the idea being that though in
a mask there are holes for the eyes, yet these hole are small, and do not
admit of a wide range of vision.
‡ "Forego the task of requiting the kindness of your parents."

the world." § But nevertheless the parent's care is not despised but repaid. Jesus, however, makes the master and parent only temporal. Buddhism enjoins men to pray for the future welfare of the master and parent. Thus the " ‖ Tsui-yen" is found in Buddhism. In the teaching of Jesus everything finishes with death ; no masses or prayers are said for the dead. If we look at this,—it is like the conduct of dogs and horses. Buddhism has been practised for a long time in this country, and now it has learnt to obey the country's laws. The teaching of Jesus is arrogant and boasting. It does not bow to the authority of the sovereign of any country. It is not for me to explain these things for the benefit of sovereigns in general,—but what I fear (in the event of this religion being adopted) is lest the customs of the country should be abolished and disturbance created. Jehovah called himself the jealous God, and did not permit his followers to worship any other God. Jesus strengthened this law more and more, and swore that he would destroy other ,Gods. It was therefore that he said :—" I am not come to bring peace into the world, but to create strife." Should then this religion be adopted the shrines of Jimmu Tenno, and of the various Emperors and nobles, and those dedicated to patriotic and illustrious men will have to be destroyed, and the whole nation, down to the ordinary *samurai* and lower classes, will have to give up offering masses for the souls of their parents and ancestors. How could our customs on ‘which the *Chiu* doctrine exercises such a great influence endure this ?

In the book Soshi it is said :—" If Death be reverenced, " and masses be said for the souls of the departed, the

---

§ The author's argument is this :—
The *Chiu* and *Ko* doctrine is not despised but virtually respected. Why ? Because on retiring from the world although they do in effect leave their parents' care unrequited, and going away into seclusion see no more of them, and are thus unable to repay their kindness in this world, yet they pass their time in praying for the souls of their parents, and ask for a happy transmigration for these. Thus, though at first sight it would seem that this injunction is wholly opposed to the *Chiu* and *Ko* doctrine,—on closer examination it will be seen that the principle is the same.
‖ Masses said for the souls of the dead.

manners of a people improve." Confucius and like sages *
treated the dead in the same way as the living. The
question as to whether they are sensible of the attentions
paid to them, or not, should be set aside. The object of
this injunction was to lead the people in the right path of
morals.

Now according to the teaching of Jesus, master and
parent are treated as nothing after death. If we look at
this, it is the conduct of birds and beasts. The followers
of the religion of Jesus seek only to obtain for themselves
the happiness which is in heaven—which amounts
to leading people by holding out inducements of profit.
If this be permitted, will not our customs and manners, in
which the *Chiu* doctrine holds such a prominent position,
become hideously depraved? Buddhism has existed in
our country for over a thousand years, and each individual
in the nation has his own particular belief and worships
accordingly. Even if this *were* suddenly and strictly pro-
hibited, and put a stop to completely, it is impossible thus
suddenly to take away a people's belief. For the instant
that such a measure was put into practice effectually, the
whole country would rise in uproar. Of late years the
feeling of the country has been against long-standing
usages and customs, and is all in favour of strange and
curious innovations, and this latter inclination increases
every day. The lower classes—the populace ($οι\ πολλοι$)
—of a country being ignorant, and in the dark as regards
understanding, it is their nature to be easily affected by
happiness and adversity—by bad and good fortune;—and
thus if the arguments brought forward in favour of a cer-
tain religion are very shallow, (*i.e.* easy of comprehension),
the people are led away by them to a very great extent.
The arguments on which Christianity rests are very shal-
low, and the advantages to be gained by its practice
are shewn as the first consideration. People fear death;
—therefore, in teaching them, eternal *life is held out as
an inducement. People like wealth; they are therefore

---

* *i. e.* paid the same reverence to the dead as to the living.
* Sakaye—see note Page.

urged on and tempted by the promise of imperishable
riches. Those who do not believe in this Religion are
frightened by the threat of unquenchable fire. Those
people who love profit,—if they be led away deceived by
this religion, by encouraging one another will soon acquire
numbers and strength, and joining issue with those who
worship other Gods, will try and make them believe in
their religion, and fighting to the death will combat them.
And it is to be feared that their attack will be fiercer than
the resistance offered to the teaching of Jesus by the fol-
lowers of Buddhism. If christianity be arrested midway
in its progress, and prohibited, the followers of this reli-
gion will prove stubborn, and resisting the authorities will
stop only when they have got all that they wish for. The
Rebels of Amakusa* who rose against the Government
some time back, are a proof of this. If, therefore, this
religion be once allowed to spread, afterwards, even if it
is wished to put a stop to it, this religion cannot be pro-
hibited without putting to death its followers. If it be
asked why, the reason is that the followers of this religion
believe that if they die for Jesus their future bliss in
Heaven will be greater. Care must accordingly be taken.

I have heard that the followers of this Religion in
Western Countries have become divided into two parties,—
the old and the new ;—that in America they have be-
come divided into twenty-five different sects ;—and that
these are all at variance, with each other, and will none
of them give in on a single point. I have also been
given to understand that when people quarrel on any
other cause than religion, overtures for a reconciliation
from one party to another are accepted, but that if armies
are opposed in religious strife, no submission is accepted
by either adversary from his opponent, and no quarter
being given, one or the other is exterminated. Now
Religion secures the proper Government of nations, and
causes tranquillity to reign in the world ; but now a days

---

* A.D. 1688 alluding to the Christian Revolt which broke out
towards the latter part of the 10th month of this year, according to the
old Japanese calendar.

Religion produces strife, and people fighting for their respective beliefs kill, and end by exterminating, one another. How can this be called religion? These twenty-five sects (which exist in America) all equally have Jesus as their basis. The differences on account of which they quarrel must be very slight, but still they kill each other and † give no quarter. Buddhism is what these Christians call a worship of images, and they wish to attack it and destroy it altogether. Again there is 'the Shintô Religion the strength of which is small, but the sects of this Religion are all founded on the worship of the gods. If these three religions be carried on together there will be no putting an end to the strife which will ensue.

I have confined myself in the foregoing to explaining the evil which may be caused in the country itself. But supposing that there were to be a clever unprincipled man, like Moses for instance, in one of the Foreign Countries, and that this man, taking as a pretext his desire to extend the Christian Religion wished to enlarge the boundaries of his country, ‡ the people's minds being already led astray, they would of a surety turn their swords upon their own countrymen. If this were to happen it would be a calamity too fearful to speak of. Of course with the present good relations existing between Foreign Powers and Japan this would never take place. §Still men change with the world, and (the) power (of a country) changes with the times. It is the duty of the ruler of a country to be prepared beforehand for any emergency which may occur. Therefore those who say that Christianity should be adopted, are men who wish the country to be disturbed and our people to be killed, and they seek to prevent master and parent from enjoying in tranquillity their proper positions for one single day.

---

† Literally not to look over or condone an offence and hence not to practise Toleration.

‡ The author is supposing that this man would invade Japan, and that the Japanese Christians would turn on their own people.

§ " Hito yo to utsuri ikioi toki to kawaru" " Tempora mutantur et nos mutamur in illis."

PART V.

In remote times when the world was yet uncivilized the doctrines of holy men were imperfectly understood. Mankind, however, love to possess knowledge, and are pleased with the marvellous. They accordingly desire to know the origin of the Universe, and of human beings. Thus in Japan it is said that the gods gave birth to this country, and in China there is a tradition that the vault of the universe was repaired with stones ground to a powder. Consequently the story of Jehovah having created the world does not stand alone. When the power of the 2nd Chinese Emperor Shôkôshi was in its decline there was a mixture of gods and of men in the country, which caused great confusion. Men for the purposes of religion became priests, and there was no regular division of classes. Sengiyoku, the 3rd Emperor, found this state of things on his accession to the throne, and entrusted the science of the heavens and all matters connected with the worship of the gods to his subject Nonseichô, and gave the science of the earth in charge to Kuwaseiri, and deputed to him the Government of the people. The effect of this was that transitions from heaven to earth and from earth to heaven ceased, and a rational order of things was established for the first time. When Giyô and Shiyun became emperors the ‖ *Gôten* (or five rules) were drawn up, and the people were made to observe them, a high officer of state being invested with the office of punishing all who transgressed them. A code of five punishments was used for the correction of the people, whilst nine virtues were held out as an encouragement to them to do right. The Emperors succeeding these being all equally eminent in learning and moral excellence, manners and music reached a high state of perfection. Confucius in revising and re-arranging the Book ¶ Shokiô rejected the part relating to the periods before the reigns of the Emperors Giyô and Shiyuu, because no lessons instructive to the nation could be drawn from it. Thus there is no country in which the government of the people is superior to that of China.

The Western world being far removed from China has not yet heard the doctrines of Confucius, and there is no other religion better than that of Jehovah which they could adopt in exchange for that religion. The people of the West are clever in their knowledge of the heavens, and they understand thoroughly the various questions relating to the earth. There must, therefore, be some amongst them who know that the religion of Jesus is false. These sensible people, however, are afraid if they ventured to correct errors in this Religion, of encountering hostility by making this correction, whilst some again, who are clever but wicked, make use of this religion as a pretext for extending the limits of their country. The conclusion which we arrive at from the foregoing is that the ancient customs of our country can never be changed.

What was the beginning of the world and of mankind? The sages do not make mention of it and consequently I do not know. Notwithstanding this the followers of

---

‖ These Rules were the proper relations to be observed between
   1.—Parents and children.
   2.—Master and servant.
   8.—Husband and wife.
   4.—Those standing to each other in the relations of Brothers or
     Sisters.
   5.—Friends.
¶ A History of China.

Jesus say much on the subject. Should our people be led astray by what they say, it is impossible to estimate the extent of the calamity which would come upon the country ; I will therefore state my own ideas on this question.

The earth and the five stars depend in their movement on the sun, and they revolve in empty space night and day, each having its own particular laws (of motion, &c.) The earth travels one degree in a rotation, and 365 of these rotations complete one revolution round the sun, and make one year. There are four seasons in a year, twelve months, twenty-four changes of seasons and seventy-two lesser changes of seasons which derive their names from the relative proximity or remoteness of the sun. Thus all things come into existence, mature and end, all alike have their spring, summer, autumn and winter. Wherever the sun's influence does not reach the earth, it is unable to bring forth anything. This order of things has prevailed from the earliest ages, and has admitted of no change. Consequently the sun is the master over the earth, and being the superior power, orders the trees to flourish or to wither, and causes plenty or famine in the world. Therefore it may even be said that the sun made the earth. And as with the earth so with the five stars. Out of rubbish heaped upon the ground insects are produced, and fish are brought forth in stagnant water. If we consider these facts we arrive at the conclusion that mankind are made of *Ki* 氣 (Air—materialized) those who receive the male element of nature *Yoki* 陽 氣 (supplied by the sun) becoming men,—and those who receive the female element *Inki* 陰 氣 (supplied by the earth) becoming women. There is thus a distinction between man and woman, and these having sexual intercourse propagate their race. It is thus with the animal creation. How could it possibly be the case that mankind alone follow a different rule ? With regard to the birth of human beings the question of how to ascertain the sex of a child before its birth is thus stated by the sages of old in the Book " Taiyeki."

*　　*　　*　　*　　*　　*　　*　　*　　*　　*

The author here enters into a long explanation of the " Shiuyeki" or " System of Divination" employed to ascertain the sex of a child yet unborn, into which it is unnecessary to follow him.

(He states at the end of it.)

Should it happen that a male child should be born when a female child is predicted, or that a female child should be born when the birth of a male child is foretold— this is a mistake of birth and the child cannot possibly arrive at maturity. It may live longer, but in no case as yet has a child with this accident of birth exceeded twelve years. These numbers are fixed by Heaven.

(The author then proceeds to give his own ideas of the moon and of her influence on our earth.)

The moon is likewise a globe. It emits no light of its own but throws out the light it borrows from the sun. How is it that both male and female elements are required for the production of children ? Well a mirror has no light of its own but placed before the light it lights up a room. The lighting of the earth by the moon is on the same principle as the lighting of a room by a mirror. The moon depends on the earth for its movements. It makes one revolution round the earth in a little over 29 days, and thus the heaven causes it to keep watch over the earth.

Therefore the things in our world associated with the female principle of nature are dependent upon the moon. The body of the * Hamaguri follows in its size the increase and waning of the moon, and the tides too in their ebb and flow follow and correspond to the appearance and absence of the moon. This proves clearly that the female elements of nature accord with and are subject to the moon—(the principal female element.)

*　　*　　*　　*　　*　　*　　*　　*　　*

Thus there is no doubt that both the *Inki* 陰氣 (female element of nature) and the *Yoki* 陽氣 (male element of nature) are required for the production of children and the shortness or length of life (of the child

_____

* Name of a shellfish or mollusc.

to be born) whether it will be ugly or handsome, unfortunate or fortunate, unlucky or lucky, clever or stupid, sensible or foolish,—these questions are ascertained by the help of six things. (The author proceeds to enumerate these six things and drifts into a meaningless argument on the subject of divination. He concludes by observing :—)

I have heard that in the last 40 years there have been some people in India who have looked with favour on the doctrines of Confucius and say :—" Having regard to the " government of the world there is no religion superior to " that of Confucius." These persons have lately made translations of the Books of Confucius into their own language, and printed them, and their reason for so doing is that they wish to spread the religion of Confucius in their own land. The people of the country in question are of course clever, and they are not like the inhabitants of the countries to the north and south of them, who do not admit of being taught. Before very long, therefore, this religion of ours will be received throughout the whole of this country, and thus the doctrines of Confucius will increase in strength, while that of other religions will grow less. This result will gradually and of itself be achieved. And therefore if the religion of Jesus be introduced into our country now, the state of things thirty or forty years hence will be this,—that in India Buddhism will have died out, while in our country an evil similar to that of Buddhism will have been left. How can we deny this? It is the duty of those at the head of the Government to see to it.

THE END.

ERRATA.

1.—In 3rd line of *Preface* insert the words " *Religion of* " after the word " *the*."

2.—*Page* 17. *Lines 13 and* 14. Strike out the part " *the New Testament is evidently meant*", which should come in as a foot note. The passage should then read:—"On looking through the Bible, we find, &c., &c."

3.—*Page* 23. " *Note on the word Sakaye*." The number " 12 " should be added after the word " *Page*."

제4부
————————
독일어 번역본

"BEMMO"

ODER

DES IRRTHUMS DARLEGUNG

(EINE ABHANDLUNG GEGEN DEN CHRISTENGLAUBEN)

VON

JASUI TSCHIUHEI
(EIN VEDOER GELEHRTER)

MIT EINEM VORWORT

VON

SCHIMADZU SABURO

AUS DEM JAPANISCHEN INS ENGLISCHE

VON

JOHN HARINGTON GUBBINS

DEUTSCH VON KARL FRIEDERICI.

LEIPZIG
OTTO SCHULZE
QUERSTRASSE II.

EINLEITUNG

DES

ENGLISCHEN ÜBERSETZERS.

———

Die Abhandlung, von welcher die folgenden Zeilen eine Übersetzung, ist ein gegen das Christenthum gerichteter Aufsatz und bildet einen Theil einer Sammlung von dreien, „Bemmo" oder „Eine Darstellung des Irrthums" betitelt, die von Jasui Tschiuhei, einem hervorragenden japanischen Gelehrten, verfasst worden ist. Da die beiden anderen Aufsätze über von obigem verschiedene Gegenstände handeln, so wurde von ihrer Übersetzung abgesehen.

Der Grund zur Veröffentlichung nachfolgender Zeilen war, dem lesenden Publikum ein Werk zugänglich zu machen, das nach des Übersetzers Meinung werthvoll, nicht etwa durch irgendwelche Originalität und Kraft der vorgebrachten Beweisgründe oder Richtigkeit der Schlüsse, zu welchen der Verfasser kommt — sondern einfach dadurch, dass es die Einwürfe anführt, die ein gebildeter Japaner gegen die Lehren der christlichen Religion macht.

Die hohe Stellung, die der Verfasser unter den japanischen *literati* einnimmt, und die Bevorwortung des Werkchens durch Minamoto Hisamitsu (Fremden besser als Schimadzu Saburô bekannt), dem Bruder des verstorbenen Daimiô von Satsuma und Vater des gegenwärtigen Ex-Daimio, haben unter denkenden Japanern demselben eine weite Verbreitung verschafft.

Dass das Schriftchen nur für eine gewisse und sehr beschränkte Anzahl von ausländischen Lesern Interesse

1 *

haben kann, ist dem Übersetzer bekannt. Dennoch hat er sich veranlasst gefühlt, eine Übersetzung des in *Kambun* oder chinesischem Stile abgefassten Schriftchens, das dadurch keine kleine Schwierigkeit dem Anfänger in der japanischen Sprache bietet, herauszugeben, da es sich möglicher Weise neu in Japan ankommenden Missionären nützlich erweisen kann, indem es sie auf die verschiedenen Einwendungen gegen die Lehren der christlichen Religion, welche naturgemäss die gebildeten Japaner entgegenhalten, hinweist oder auch ein neues Licht auf die Hindernisse wirft, die der bereiten Annahme der Doctrinen, auf welche das Christenthum begründet, entgegenstehen.

Die Abhandlung ist, wie man sehen wird, ein Angriff auf die christliche Religion im Allgemeinen und ist in fünf Theile getheilt. Im ersten beschränkt sich der Verfasser auf die Beurtheilung des alten Testamentes, im zweiten und dritten kritisirt er das neue, im vierten zieht er einen Vergleich zwischen der christlichen und anderen Religionen und schliesst im fünften mit einem Aufsatz über das System der Natur. Im letzteren befinden sich mehrere Stellen, vorzüglich über Weissagungen, die mit Vortheil ausgelassen wurden.

Durch einige wenige Anmerkungen hat der Übersetzer versucht, den Sinn des Originals noch verständlicher zu geben.

British Legation, Yedo.
Juni, 1875.

John Harington Gubbins.

VORWORT.

Diejenigen unserer Landsleute, die die grossen Thaten und die Geschicklichkeit der westlichen Nationen bewundern, haben ohne Ausnahme ihre Bewunderung so weit getrieben, dass sie selbst an die Religion Jesu glauben, und Einige unter ihnen giebt es sogar, die für die Ausbreitung dieser Religion durchs ganze Land sind, was ein grosses Übel ist.

Was die Irrthümer der Religion Jesu betrifft, so sind sie natürlicher Weise so handgreiflich, dass sie nicht noch erst auseinandergesetzt zu werden brauchen, aber die Lehren derselben sind so hübsch, so wahrscheinlich und so einnehmend, dass Leute durch sie auf Abwege geführt werden dürften.

Sollten diese Lehren daher aus dem Grunde, dass sie keiner Widerlegung bedürften, unangefochten bleiben, so würden die Anhänger dieser Religion an Stärke und Einfluss immer mehr und mehr zunehmen, bis sie zuletzt die ganze Nation überführen und sie ihren Lehren unterthan machen würden. Und dann wird ihrer Macht kein Halt geboten werden können.

Die Grundlage der Religion Jesu ist die Verehrung des Himmels. Der Himmel ist ein festes Princip. Die Unterwerfung des Kindes seinen Eltern und die des Dieners seinem Herrn ist in gleicher Weise ein bestimmtes Princip. Beobachtung dieser Grundsätze wird belohnt; Überschreitungen folgt die Strafe. Der Himmel belohnt Gute und Böse nach ihren Thaten. Wenn Diener oder Kind durch Anbetung des Himmels und durch Behandlung des Herrn und der Eltern als nicht vorhanden, obgleich sie existiren, einen Gewinn für sein Benehmen sucht — so ist dies, das Princip des Himmels verwerfen. Das Resultat davon wird sein, dass das Princip von Herr und Diener aufhören, die Liebe zwischen Eltern und Kind aussterben wird, und wo ist dann die Stelle, bis zu welcher Unordnung nicht reichen wird? Keine Zeit ist daher zu verlieren, die Falschheit dieser Religion an's Licht zu bringen.

Jasui von Hiogo hierüber (d. i. die Verbreitung dieser Religion) besorgt, hat eine „Darlegung des Irrthums" geschrieben und mich bei Übersendung eines Exemplars aus weiter Entfernung gebeten, ein Vorwort zu schreiben. Ich finde bei Durchsicht des Werkes, dass die Beweisgründe, mit der er die Religion Jesu bekämpft, deutlich und klar angeordnet sind und dass der Verfasser die Sache an ihrer Wurzel getroffen.

Alle die das Buch lesen, müssen seinen Inhalt gutheissen. Wenn das Buch erscheint, so bin ich überzeugt, dass sein Einfluss auf die Gemüther ein bedeutender sein wird, gerade so als wenn die Sonne mit Macht hervortritt und die Schatten verscheucht. Er wird die Anhänger dieser Lehre ihres Muthes berauben und den Grund zur Irreführung der Nation aufheben. In der That, dies zu beabsichtigen ist herrlich.

Jasui ist ein Mann von Jahren und einer der Gelehrten unserer Zeit. Eine Stellung in der Regierung einzunehmen ist er entwachsen, aber nicht im Stande, die Sorge um das Wohl seines Vaterlandes, noch den patriotischen Wunsch, die falschen Lehren zu bekämpfen, zurückzuhalten. Dieses Buch ist das Resultat davon. Seine Beweggründe sind dieselben, die *Moka**) veranlassten den Doctrinen *Jô* und *Boku* entgegenzutreten und die *Kanju**) in gleicher Weise bestimmten den Buddhismus und die Lehre *Ro* zu bekämpfen. Seine Geschicklichkeit ist meiner Meinung nach in keiner Weise geringer als ihre.·

Obgleich selbst kein Gelehrter, bin ich doch, wie Jasui, um die Wohlfahrt meines Vaterlandes besorgt und habe ich daher mit grossem Vergnügen Obiges niedergeschrieben.

6. Jahr d. Meiji, 5. Monat,   Gezeichnet
1. bis 10. Tag, 1873.   **Minamoto Hisamitsu.**
                             Jiunii.

---

*) Ein hervorragender Charakter der chinesischen Geschichte.

ERSTER THEIL.

Ich Hankiuschi, ein alter Mann, der Zeit hat, auch frei von Sorgen ist, nahm das „Fremde Buch" und las es. Nachdem ich dies gethan, habe ich es auf die Seite geworfen und werde nun, kummervoll, meine Einwendungen aufzählen.

Die Irrthümer des „Fremden Buches" sind ungeheuer und sinnlos, die Beweisgründe darin sind einfältig und brauchen meinerseits keiner Widerlegung. Aber thörichte Leute, durch das „Fremde Buch" betrogen, glauben daran und behalten ihren Glauben bis zu ihrem Tode, was eine Quelle von Verdruss und Beunruhigung ist, und scheint dieses Uebel sich nach und nach so weit zu verbreiten, bis es droht auch uns zu erreichen, so dass es falsch ist Erklärungen noch länger zurückzuhalten.

Ich beabsichtige daher, den Gegenstand, so wie er sich darstellt, in hellem Lichte zu zeigen.

Dieses Buch behauptet, dass ein gewisser Gott, Jehovah genannt, geboren sei, noch ehe der Himmel und die Erde existirten. Dieser Gott schuf den Himmel und die Erde, den Mond, die Sterne und Alles zwischen dem Himmel und der Erde. Dies wurde in sechs Tagen gethan. Er machte den siebenten Tag zu einem Ruhetag. Er mischte einigen Staub untereinander und machte davon einen Menschen, sich selbst zum Ebenbilde, den er Adam nannte. Nachdem er dies gethan, sagte er, es sei nicht gut für einen Menschen allein zu leben, und die Zeit benutzend, zu welcher Adam fest eingeschlafen, nahm er eine von dessen Rippen, fügte Fleisch an dieselbe und bildete davon für den Adam ein Weib,

dem er den Namen Eva gab, und machte die Beiden zu Herrschern
über Alles auf Erden. Eva, durch eine Schlange betrogen, ass ver-
botene Frucht, und darum wurde für die Zukunft, als eine Strafe
für ihre Uebertretung, über alle Frauen Schmerzen bei Empfäng-
niss und Gebären verhängt.

Nun habe ich aber stets geglaubt, dass Götter übernatürliche
Wesen seien und demzufolge keine sichtbaren Formen hätten. Es
kann kein grösseres Wunder geben, als die Erschaffung der Erde
durch „Gott" in sechs Tagen. Dass seine Gestalt trotzdem bedeu-
tungslos und gleich der des Menschen sein sollte — ist dies nicht
höchst befremdlich? [1])

Ferner nimmt er bei Schaffung des Menschen Adam einigen
Staub und machte einen Körper daraus, und was Eva betrifft, so
fügte er Fleisch an die Rippe, die er dem Adam genommen. Hier,
bei Erschaffung des Menschen, wurde Material gebraucht. Ich ver-
stehe aber nicht, womit dann die Erde, Sonne, Mond und alles An-
dere gemacht wurden.

„Die Schlange war listiger als irgend ein anderes lebendes
Wesen." Dann wäre es besser gewesen sie nicht zu schaffen, und
warum, da er sie nun erschaffen, liess er sie Eva verführen die ver-
botene Frucht zu essen?

Eine Schlange kann nun aber nicht sprechen, und da die, welche
aus dem „Fremden Buche" lehren, fürchten, die Leute wollen dies
nicht glauben, erklären sie die Sache so, dass der Teufel die Gestalt
einer Schlange angenommen hätte. Nach dem „Fremden Buche"
jedoch war der Teufel ein Engel, der in die Hölle gefallen. Vor
Adam's Zeit gab es aber keine Engel. Wenn nun Eva ein Ver-
brechen durch Essen der verbotenen Frucht begangen hatte, so war
es recht dies zu bestrafen. Jedoch nicht allein Eva, sondern auch

---

[1]) Des Verfassers Beweisführung erscheint etwas unzusammenhängend,
doch beruht seine Folgerung jedenfalls auf der Angabe, dass Gott den
Menschen „sich selbst zum Ebenbilde" erschaffen, und mag wohl wie folgt
construirt werden: „In Anbetracht der obigen Behauptung muss ich sagen,
dass ich Götter stets für übernatürliche Wesen gehalten habe und besitzen
sie daher als solche keine sichtbare Form. Gesetzt nun, die Erzählung des
„Fremden Buches" sei richtig, die Thatsache, dass dieses grosse Wunder
geschah, zeigt, dass sein Urheber ein Gott — wie aber dann ein Gott mit
Menschengestalt?

alle folgenden Geschlechter der Frauen für diesen Fehler durch
Schmerzen beim Gebären zu züchtigen — warum die Unschuldigen
strafen? Alle lebenden Wesen sind nun entweder weiblich oder
männlich, wie Vögel, Thiere, und sie vermehren ihr Geschlecht. Was
haben die weiblichen unter den Vögeln und Thieren verbrochen, dass
sie Schmerzen beim Gebären haben sollten? Sollten wir vielleicht
verstehen, dass, wenn Eva die verbotene Frucht nicht gegessen hätte,
sie keine Kinder bekommen hätte? Gesetzt so, dann würde er (Gott)
niemals haben aufhören können Menschen aus dem Staube der Erde
zu machen, und warum, diese niemals endende Aufgabe vorherwis-
send, scheute er nicht eine solch' mühsame Arbeit? [1])

„Von Adam bis Noah waren 10 Generationen — ungefähr
„2co Jahre. Jehovah aber sah, dass die Leute der Erde gottlos
„waren, und er bereute sie geschaffen zu haben und beschloss Alles,
„selbst bis zu dem Gewürm auf der Erde zu vernichten. Doch ge-
„fiel ihm die Rechtschaffenheit eines Mannes, Noah, und veranlasste
„er diesen ein grosses Schiff von 300 Fuss Länge zu bauen. Noah
„bestieg dieses Schiff mit seinem Weibe und Kindern und je einem
„Paare, ein männliches und ein weibliches von allen lebenden
„Wesen. Dann brachen die Brunnen der grossen Tiefe auf und ein
„grosser Regen fiel für 40 Tage und Nächte und das Wasser
„reichte 15 Fuss über die höchsten Berge unter dem ganzen Himmel,
„und die Erde war 150 Tage bedeckt. Alle lebenden Geschöpfe
„starben. Darauf gingen die Gewässer zurück und Noah's drei
„Söhne durften in verschiedenen Gegenden wohnen."

Welch' schreckliche Gewaltthat Jehovah's! Wie gross immer
auch die Gottlosigkeit der Welt gewesen sein mag, Alles kann un-
möglich so schlecht gewesen sein. Einige gute Leute müssen unter
ihnen gewesen sein. Ohne diesen Menschen zu lehren was gut sei,

---

[1]) Nämlich wenn Eva die verbotene Frucht nicht gegessen hätte,
würde sie nicht verurtheilt worden sein, Schmerzen beim Gebären zu empfin-
den. Nun zeigt aber das allgemeine Naturgesetz, welches überall gleich,
dass keine Geburt ohne Wehen begleitet ist. Wir müssen daher folgern,
dass, wenn Eva die verbotene Frucht nicht gegessen, sie auch keine Kinder
geboren haben würde. Wie ist es aber möglich, dass die Gottheit Menschen
erschaffen haben kann, wohl wissend, dass er nicht im Stande ist, sein eigenes
Geschlecht fortzupflanzen und so die nimmer-endende Aufgabe der Schöpfung
auf sich zu laden?

und ohne einen Unterschied zwischen grossen und kleinen Vergehen zu machen, liess er sie plötzlich, da sie unvorbereitet waren, ertrinken, weder Vogel noch Thier verschonend. Er veranlasste vorher den Noah, für welchen er eine gewisse Vorliebe hatte, ein Schiff zu bauen und setzte ihn so in den Stand der Katastrophe zu entgehen. Kann man das den Beherrscher des Universums nennen, der solch' eine Gesinnung verräth, wie im Vorhergehenden gezeigt?

Dennoch sagt dieser Jehovah in einer herrischen und anmassenden Weise: „Ich bin der, der keinen Unterschied zwischen den Menschen macht!" Wer, frage ich, wird dies glauben? Regen entsteht dadurch, dass die Luft von oben herabkommt und der Erde Dünste, die in gleicher Weise aufsteigen, trifft. Der Himmel erscheint als eine blaue Fläche. Aber wo der Platz, „Grosse Tiefe" genannt, ist, bin ich nicht im Stande zu wissen. Von Noah bis Joseph, dem Vater des Jesus, waren 50 Generationen. Nehmen wir eine jede Generation zu 45 Jahren, so giebt dies ungefähr 2300 Jahre. Jesus war im 30. Jahre der Regierung unseres Kaisers Suijin Tennô geboren und im 1. Jahre der Periode des *Genshi* unter der Regierung des Kaisers Heitei der *Kan*-Dynastie (in China). Nehmen wir nun die chinesische Geschichte und rechnen rückwärts, so finden wir, dass die Zeit der grossen Fluth in China, die unter der Herrschaft von Giôtei aus der To-Dynastie sich ereignete, ungefähr vor 2300 Jahren war. Noah's Nachkommen lebten im äussersten Westen Asiens. [1])

Das Land, in welchen sie wohnten, ist von China durch das *Sorei*- (sic) Gebirge getrennt. Der *Indo* [2]) (sic) wie der *Kô* [3]) (sic) haben ihre Quelle in den *Sorei*-Bergen. Der *Indo* strömt an der östlichen Seite des *Sorei*-Gebirges entlang und fliesst in die südliche See. Der Fluss Ko geht durch China und führt in die östliche See. Es ist klar, da die Zeit der Fluth (wie in dem „Fremden Buche" angegeben) mit der Zeit der Fluth, welche in China unter der Herrschaft des Kaisers Giyôtei stattfand, übereinstimmt, dass die Fluth wirklich stattgefunden hat; aber dass das Wasser bis zu einer Höhe von 15 Fuss über die Gebirge unter dem ganzen Himmel gestiegen sei, ist falsch.

[1]) Die Geographie hier ist sehr verwirrt.
[2]) Indus?
[3]) Hoang-Ho?

Das Buch *Giôten* (geschrieben zur Zeit der Regierung des Giyôten, eines Kaisers von China) sagt:

„Die Gewässer überflutheten in grossen Wogen, brandend und „schwellend, das Land und umschlossen die Berge von allen Seiten."[1]) Der weise Mencius sagt bei Erwähnung der Fluth: „Die, welche „das flache Land bewohnten, bereiteten sich auf den Gipfeln der „Bäume Plätze, wie Vögelnester, in denen sie wohnten, während „die, die in hügeligem Lande lebten, Löcher in die Seiten der Hügel „gruben, in die sie krochen und wo sie lebten."

Gesetzt, das Wasser sei bis 15 Fuss über die Gipfel der Berge gestiegen (wie in dem „Fremden Buche" behauptet wird), so würde die ganze Erde ja zum Meere geworden sein. Wie ist es möglich, dass die Leute von China im Stande gewesen sind, sich Nester zu machen und Löcher zu graben, um dem Unglück zu entrinnen? Die Worte „unter dem ganzen Himmel" müssen daher nur für den kleinen Landstrich, der aus Aegypten, dem rothen Meere und Ju-däa besteht, verstanden werden. Nun, diese Länder liegen tief und befinden sich überdies zwischen den beiden Flüssen *Indo*[2]) und *Aikiu*.[3]) Es ist daher möglich, dass die Leute dieser Länder, zur Zeit der Fluth noch uncivilisirt[4]), in das Wasser fielen und ertranken und dass ein Mann, Noah, der gerade reich, ein grosses Schiff baute, in welches er sein Eigenthum schaffte; und wie dann die Fluth in diese Gegend kam, er sein Schiff bestieg und so dem allgemeinen Untergange entrann. Die Verkündiger dieser Religion, welche nach

---

[1]) Aber stiegen nicht höher.

[2]) Indus und Nil? *„Aikiu"* steht für Aegypten und wurde vom Ver-fasser wahrscheinlich aus Versehen für den Nil gebraucht.

[3]) Tschiuhei glaubt augenscheinlich, dass die einzig richtige Art, die in der Bibel erwähnte Sindfluth zu erklären, in einem gleichzeitigen Ueber-treten des Indus und Nil zu suchen sei. Die Unmöglichkeit, dass der vom Nile bewässerte Landstrich durch ein Uebertreten des Indus und umgekehrt beeinflusst werden könne, scheint sich ihm nicht gezeigt zu haben.

[4]) Der Sinn ist jedenfalls der, dass die Leute dieser Regionen noch nicht so civilisirt wie die Chinesen waren, sondern blosse Wilde, in keiner ein-zigen Kunstfertigkeit bewandert und ganz unfähig etwas zu thun, um sich vor der Fluth zu schützen. Dies ist jedoch nicht mit den folgenden Zeilen vereinbar, in welchen der Bau eines Schiffes erwähnt wird, woraus zu folgern sein würde, dass die anderen Wilden kein Schiff bauten, weil sie nicht so wohlhabend wie Noah waren.

diesen Zeiten lebten, wünschten die Leute durch Entlehnung des
Namens Jehovah zu ängstigen, erfanden dieses lügenhafte Mach-
werk und machten ein übernatürliches Ereigniss daraus.

„Jehovah sah, dass die Leute einen hohen Thurm bauten und
„sich gegenseitig zu erneuerter Anstrengung aufmunterten, und er
„besorgte, dass ihr Stolz so gross werden würde, dass sie nicht
„mehr im Zaume zu halten seien, und so führte er eine Verwirrung
„der Sprachen herbei."

Der Himmel hat die Menschheit in verschiedene Oertlichkeiten
vertheilt und Seen und Gebirge sind erschaffen worden, um als
Grenzen zwischen den verschiedenen Völkern zu dienen.

Jede Nation lebt ruhig in ihrem Lande und eignet sich eigene
Sitten und Gebräuche an. Der Unterschied, welcher zwischen den
Sprachen der verschiedenen Völker existirt, und der, welcher ihre re-
spectiven Sitten und Gebräuche auszeichnet, ist derselbe. Wie ist es
möglich, dass die Verwirrung der Sprachen erwartet werden sollte. [1]
Alle Geschichten des „Fremden Buches" sind wie die vorhergehende.
Wenn ich sie jede einzeln nehmen und ihre Falschheit darthun
wollte, würde ein ganzer Monat dazu nicht hinreichen.

Die Vorliebe Jehovah's für Noah übertrug sich auf seinen Nach-
folger in der neunten Generation — Abraham und auf dessen
Gross-Urenkel Moses. Er erschien diesen Männern oft und hatte
lange Gespräche mit ihnen. Abraham's erster Name war Abram,
der seines Enkels Israel Jacob. Jehovah wechselte beider Namen.
Israel liebte sein erstes Weib nicht, wohl aber deren jüngere
Schwester Rachael. Jehovah liess die Leah empfangen und später
sich der Rachael erinnernd, auch diese. Nun ist die Schöpfung der
Welt in sechs Tagen durch Jehovah eine grosse That. Aber, dass
er diesen Männern erschien und aus Liebe zu ihnen ihre Namen
veränderte, dass er seinen Einfluss auf die Verheiratheten ausübte
und dass er Vorsorge trug, dass kein Zwist zwischen der älteren
und jüngern Schwester ausbrach — diese Handlungen gleichen mehr

---

[1] „Wie ist es möglich, dass die Sprachen der verschiedenen Nationen
„ihre natürliche Veränderung verschoben haben sollten, bis eine Verwirrung
„derselben durch Jehovah herbeigeführt wurde?" Die Veränderungen, die
in der Sprache eines Volkes sich vollziehen, sind von natürlichem Wachs-
thume und können durch eine plötzliche Laune der Gottheit nicht beein-
flusst werden.

einem Verhältnisse und einem Verkehr unter den Mitgliedern einer Familie. Wie kleinlich und geringfügig sie erscheinen!

Israels Sohn Joseph, von seinen Brüdern beneidet und gehasst, wurde durch Jehovah nach Aegypten genommen. Der König dieses Landes, Pharao, hatte in einem Traume sieben fette Kühe und sieben magere Aehren gesehen. Jehovah erklärte Joseph diesen Traum und veranlasste ihn, dem Pharao mitzutheilen, dass sein Traum ein wahrer sei. Joseph sagte: „Es werden sieben reiche Jahre kommen und sieben theure Jahre werden folgen". Der König glaubte, er sei ein Gott und erhob ihn zur Würde eines Statthalters über das Land. Während der sieben fetten Jahre nahm er den fünften Theil von allem Getreide des Landes und häufte ihn in Speichern auf, um als Vorrath während der sieben theuern Jahre zu dienen. Alle Länder kauften Getreide von Aegypten wegen der Hungersnoth.

Da Joseph die sieben Jahre der Hungersnoth vorhersah, so ist es klar, dass auch Jehovah es vorhergewusst hat. Dem Beispiele des Ruhetages folgend, machte Jehovah jedes siebente Jahr zu einem Ruhejahr und erlaubte keine Art von Arbeit in diesem. Die Folgen, dass dann keine Nahrung vorhanden, jedoch fürchtend, sagte er: „In jedem sechsten Jahre will ich euch mit dreifältiger Nahrung versorgen." Daraus folgert, dass Jahre der Fülle und Jahre des Mangels beide ihm vorher bekannt waren und er der Herr und Herrscher über das Universum und die Menschheit sein Volk sei. Warum kam er daher nicht seinem Volke zu Hülfe, indem er den Mangel in Fülle verwandelte? Warum liess er zu, dass sie ihre Schätze beim Joseph gegen Reis umtauschen mussten, um den Namen Josephs berühmt zu machen? Aegypten ist aber nun die nord-östlichste Ecke Afrikas nur. Wie kann aber das Anhäufen von siebenjährigem Vorrath an Korn eine siebenjährige Hungersnoth von der ganzen Welt abwenden? [1]

Dadurch ist die Unmöglichkeit an die Geschichte dieser Hungersnoth zu glauben klar gemacht, und da es unmöglich ist ihr unbedingte Glaubwürdigkeit beizumessen, so halten selbst die, die an die Lehren Jesu glauben, das siebente Jahr nicht als ein Ruhejahr

---

[1] Tschiuhei zufolge muss „die ganze Welt" nur diejenigen Länder bedeuten, die dem Verfasser der Bibel bekannt waren.

und hören auch nicht auf in demselben zu arbeiten. Leute, die fähig sind selbstständig zu denken und zu urtheilen, sind nicht leicht durch solch falsche Lehren zu betrügen.

Als Jehovah Moses, den Sohn Josephs, aus Aegypten führte, liess er mehrere Wunder geschehen, weil er wünschte, dass sein Ruhm durch die ganze Welt getragen werden möchte. Er liess Pharao's Sinn verhärten und Moses Erlaubniss zur Verlassung Aegyptens verweigern. Durch neun verschiedene Wunder wurden die Leute Aegyptens [1]) heimgesucht und waren diese Wunder höchst erstaunlicher Art. Zuletzt tödtete er in jedem ägyptischen Hause durch das ganze Land hindurch eine Person und selbst das Vieh litt in gleicher Weise. Als die Israeliten dann Aegypten verliessen, veranlasste Jehovah den Pharao sie zu verfolgen und liess die ägyptische Streitmacht im rothen Meere umkommen. Aus Obigem geht hervor, dass es in der Gewalt Jehovah's lag den Sinn des Pharao zu verhärten und ebenso ihn seinem Willen zu unterwerfen — warum stellte er nicht ein freundschaftliches Verhältniss zwischen dem Pharao und den Israeliten her? Warum brachte er im Gegentheil grosse Trübsal über sein (Pharao's) Volk und warum vernichtete er es zuletzt? Nun, Jemand, der zu seinem eigenen Vortheil Wunder verrichtet, würde von Jedermann gehasst werden, und diese Jehovah tödtete Tausende von Leuten, nur um seinen Ruhm über die ganze Erde zu verbreiten. Die Thaten des Teufels selbst, wie wir schon bemerkten, kommen dem nicht gleich! Wie ist es möglich zu behaupten, dass der Schöpfer des Universums solches gethan hätte? Die zehn Gebote, welche kindliche Ehrfurcht einschärfen und den Mord, Habsucht, Diebstahl und Ausschweifung verbieten, ähneln in gewisser Beziehung den Lehren unserer [2]) eigenen Religion, jedoch nur so weit das Gebieten geht. Kommt es aber zu der Frage, was Jehovah in der That macht, so sehen wir, dass er Alle bestraft, die andere Götter oder selbstgemachte Götzen anbeten, oder gar nicht an ihn glauben.

Aus diesem Grunde züchtigte er den Aaron, der einen goldenen Ochsen angefertigt und angebetet hatte, und deshalb wurden

---

[1]) Das Original hat hier grosse Stärke — „Masu masu yedasbité, Masu masu kinari".

[2]) Die Gebote des Confucius sind augenscheinlich gemeint.

auch die Völker der benachbarten Länder ausgerottet. Als Korah und seine Anhänger gegen ihn aufstanden, liess er die Erde sie verschlingen. Die Töchter des Israel[1]), die beide noch unverheirathet waren, machten ihren Vater nach gemeinsamer Uebereinkunft betrunken und schliefen mit ihm abwechselnd. Eine Frau, die eine Wittwe war, bedeckte ihr Gesicht und, vorgebend dass sie eine Hure sei, trieb Hurerei mit ihrem Schwiegervater. Dessen ungeachtet wurden in den drei Fällen Kinder geboren, ohne dass man irgend welche Verheimlichung[2]) versuchte. Wir wenden uns hiervon mit Abscheu weg — Vögel und Thiere sogar benehmen sich besser. Trotzdem erhielten die Frevler keine Züchtigung. Dies veranlasst Hurerei zu treiben, dies verursacht Verachtung von Vater und Mutter.

Als Moses im Begriff war Aegypten zu verlassen, befahl ihm Jehovah, durch Betrug alles Gold- und Silbergeräthe der Aegypter zu stehlen. Dies läuft einfach auf Unterricht im Diebstahl hinaus. Als er Moses auftrug die Völker der benachbarten Länder zu vernichten, liess er sich den fünften Theil der eroberten Beute und die Erstgeborenen von Menschen und Vieh zuertheilen, welche er dann wieder von sich selbst abkaufen liess. Dies ist nicht nur tadelnswerthe Habsucht, sondern giebt auch das erste Beispiel zu Gierigkeit. An zwei Beispielen haben wir gesehen, wie er die, welche er hasst, durch Wasser vernichtet. Im erstern Falle zerstört er sie durch die Fluth, im zweiten lässt er sie im rothen Meere umkommen. Sobald Moses ein ihm feindliches Land betrat, wurde ihm befohlen die Leute desselben gänzlich auszurotten. Kann es eine grössere Liebe zum Tödten geben?

Sehen wir durch das „Buch“, so finden wir, dass Noah der Erste war an diese bösartige Gottheit zu glauben und ihr zu gehorchen, — dass Abraham der Erste war diesen Glauben zu verbreiten und dass Moses diesen zu Vollkommenheit brachte. Moses war ein gescheidter Mann, aber listig und gottlos. Er lieh die Macht Jehovah's und erweiterte sie und durch sie betrog er die in den benachbarten Ländern wohnenden Völker. Später dann mit

---

[1]) Versehen für Lot.

[2]) Die Idee der Schande ist deutlich in diesem Worte mitenthalten. Dass keine Verheimlichung für nöthig erachtet wurde, zeigt klar, dass man keine Schande empfand.

seinen Kriegern hinzukommend, vernichtete er sie. Befanden sich
diese feindlichen Völker jedoch in solcher Lage, dass sie nicht be-
siegt werden konnten, so sagte er: — „Jehovah will uns keine Er-
laubniss ertheilen." Fand er jedoch eine Gelegenheit sie zu ver-
nichten, so sagte er dann: — „Jehovah führt uns an." — In selbst-
süchtiger und ehrgeiziger Absicht wünschte er einfach die Grenzen
seines Landes zu erweitern.

Aus diesem Grunde sind daher in dem „Fremden Buche" an-
dere Nationen wenig erwähnt. [1]

Wir haben darin den bestimmten und unzweifelhaften Beweis,
dass das Land, welches in diesem Buche erwähnt ist, nur aus einem
Landstrich besteht, der an den Punkten, wo Asien und Afrika zu-
sammentreffen, gelegen ist.

---

[1] Der Verfasser ist hier nicht recht deutlich. Er scheint so zu folgern:
„Da dieses Buch nur der Geschichte der Nachfolger Noah's gewidmet ist,
findet sich in demselben über andere Völker und Welten nichts erwähnt.
Wir haben darin" etc.

ZWEITER THEIL.

In Bezug auf den Menschen und seine Stellung in der Welt,
— seine Eltern geben ihm das Leben und sein Herr und Meister
ernährt und führt die Aufsicht über ihn. Von Niemandem empfängt
er grössere Wohlthaten als von diesen. Confucius stellte die Lehren
von der Wiedervergeltung derselben fest und nannte sie beziehent-
lich „Chiu" und „Kö". Der „Ko"-Doctrin gehorchend und sie
noch mehr vertiefend, werden die Verwandten, die unter sich durch
die engsten und festesten Bande der Verwandtschaft verknüpft sind
und für welche die schwarz-hanfnen Trauergewänder getragen werden,
bis zu den entferntesten, für welche gar keine Trauerkleider ange-
legt werden — diese mit Freundlichkeit, die Andern mit Liebe be-
handelt. Was die Chiu-Lehre betrifft, dass man dieselbe befolgt
und auch sie erweitert, so werden Achtung und Unterwürfigkeit
aller Autorität vom höchsten Diener des Staates bis zum geringsten
Beamten gezollt. Auch ist es nicht genug, diese Gebote, so weit sie
nur das eigene Land betreffen, zu halten, — sie müssen auch in
unserm Verhältniss mit der ganzen Welt beobachtet werden. Wenn
diese Lehren allgemein angewendet wären, würden alle Leute ruhig
in ihrem Hause leben und auf der ganzen Erde würde Friede sein.
Daher sind die „Chiu"- und „Ko"-Doctrinen die grossen [1]) Lehren,
die der Mensch befolgen sollte.

In Judäa lebte ein Mann Namens Jesus Christ, der die Reli-
gion Jehovah's predigte. Seiner Lehre zufolge „sind Herren und
„Eltern nur zeitlich, — der wirkliche Herr und der wirkliche Vater

---

[1]) „Grossen" in der Bedeutung von „Besten".
„Bemmo".

2

„sind im Himmel. Jehovah ist dies [1]) und ich bin sein Sohn. Er
„sandte mich, die Welt zu erretten. Daher liebt er mich; und
„allen Denen, die ihn lieben, will er ewiges Leben und eine un-
„vergängliche Krone geben." [2])

Warum ist mein Herr und meine Eltern nur vergänglich er-
schaffen? Meine Eltern besitzen die Macht mir den Körper zu
geben, aber sie haben keine Gewalt mir meine geistige Natur zu
verleihen. Mein Meister und Herr ist im Stande mich leben zu
lassen oder mich zu tödten, aber. meiner geistigen Natur kann er
nichts anhaben. So ist des Menschen Körper zeitlich, seine geistige
Natur aber wirklich und echt. Aus diesem Grunde ist es die Lehre
des Himmels, [3]) das Wahre, Wirkliche [4]) zu preisen und das Ver-
gängliche [5]) zu verachten.

Jesu Lehre hat den Einfluss, dass es die Söhne veranlasst
Mangel an Liebe ihren Vätern und ebenso die Töchter ihren
Müttern zu zeigen und dass es Entfremdung zwischen der Frau
und ihrer Schwiegermutter verursacht. [6]) Jesus wusste jedoch, dass
es unmöglich sei, das Band der Liebe, welches die Mitglieder einer
Familie umschlingt, zu vernichten, und daher gründete er seine
Lehre bis zu einem gewissen Grade auf das Princip der kindlichen
Liebe. Jedoch fürchtend, dass diese die Liebe für ihn selbst über-
treffen möchte, sagte er: „Ich mag es nicht, dass die Liebe für
„die Eltern die für mich selbst überschreitet, noch dass die Eltern-
„liebe grösser ist, als die für mich." Jesus war einst im Ge-
spräch mit mehreren Personen begriffen, als seine Mutter und sein
Bruder kamen und mit ihm zu sprechen wünschten. Zu Jemandem,
der ihn darauf aufmerksam machte, antwortete er: „Wen nennst
Du meine Mutter und wen heissest Du meinen Bruder".

Sein Beweggrund dazu war, wie ich glaube, seinen Schüler

---

[1]) Vereinigt beide in sich.

[2]) Wörtlich „unsterbliches Leben". „Leben", nicht die einfache That-
sache der Existenz, sondern Leben mit der Idee des Wohlstandes, Gesund-
heit und Kraft.

[3]) Die Doctrin des Confucius.

[4]) Die geistige Natur.

[5]) Den Körper.

[6]) Liebe zur Schwiegermutter ist eine der ersten Pflichten einer ver-
heiratheten Frau in Japan.

zu lehren, Alles so öffentlich und offen zu thun wie möglich, — er
selbst war zur Zeit unbewusst, dass er in einen falschen Glauben
gefallen. — Ferner, als der Vater eines seiner Jünger gestorben
war, bat sein Sohn Christus um Erlaubniss, ihn gehen zu lassen
um denselben zu begraben. Jesus verweigerte seine Erlaubniss, in-
dem er sagte, dass er sein Jünger sei und er die Todten ihre
Todten begraben lassen möge, damit meinend, dass die, die seinen
Vater begrüben, in gleicher Weise sterben würden, und ferner dass
er, wenn er ihm gehorche, für immer leben würde.[1] Und als es
zur Frage über das Verhältniss Herren und Gebietern gegenüber
kam, liess Jesus diese in derselben Weise wie andere Leute behan-
deln oder thatsächlich wie Fremde. Noch liess er es dabei be-
ruhen. Wenn es Fürsten gab, die nicht an ihn glaubten, so be-
trachtete er sie als seine Feinde und wünschte über sie alle zu
triumphiren und sie an sich glauben zu machen. Er erachtete den Be-
amten, der die Zölle empfing, als seinen Feind und wie einen Dieb
und es kommt, diesen Grundsatz weitergeführt, dazu, dass sein
Landesherr in demselben Lichte von ihm betrachtet wurde. Von
sich selbst sagte er, dass er der Sohn Gottes sei und deshalb Nie-
mand über ihm wäre. Es geht daraus hervor, dass er die Herr-
schenden mit Geringschätzung ansah. Aus diesem Grunde antwor-
tete einer seiner Jünger[2] * * * Jemandem, der ihm sagte, er solle
dem Fürsten des Landes gehorchen: „Ich kenne keinen andern
„Herrscher und keine andern Götter. Ich verehre und bete nur
„den Gott im Himmel an. Ich bezahle dem Kaiser meinen An-
„theil an den Taxen und erkenne ihn dadurch als Fürst an, aber
„ich beuge mich nicht vor ihm. Indem ich so meine Steuern be-
„zahle und ihn als Herrscher ansehe, mache ich ihn mir noch ver-
bindlich." Ah! Confucius legte die Doctrinen *Chiu* und *Ko* als
den Grund seiner Lehre nieder. Und wenn dieselben nicht befolgt
werden, werden sogar manchmal Herr und Vater getödtet. Der
Lehre Jesu zufolge sind Herren und Eltern nur zeitlich und ge-

---

[1] Der Verfasser scheint diese Stelle vollkommen verstanden zu haben,
d. h. dass der Vater der zukünftigen Glückseligkeit, die dem Sohne, wenn
er treulich Jesu diente, versprochen worden war, nicht theilhaftig werden
könne und dass der Sohn deshalb die Sorge Denen überlassen solle, die wie
der Vater gedacht und gefühlt hätten.

[2] Seporairiu — Paulus?

2 *

ringer als der „wirkliche Herr" und die „wirklichen Eltern" — und ist
das Resultat des Fürwahrhaltens dieser Lehre das, dass gegen die „zeit-
lichen Herren" und die „zeitlichen Eltern" gesündigt wird, während
der „wirklich Herr" und die „wirklichen Eltern" geliebt werden. Da-
durch wird grosse Glückseligkeit im Himmel gesichert, und wie die Sünde
auf der einen Seite grösser wird, wächst im Vergleich auf der andern
das zukünftige Glück. Wenn Leute zu diesem Glauben verleitet
worden sind, so giebt es kein Verbrechen, vor dem sie nicht zu-
rückschrecken würden. Sie werden thun was gerade zu ihrer eigenen
Bequemlichkeit dient, und die daher an diese Religion glauben, sollten
sie selbst ihrem Herrn oder Vater ungehorsam sein, handeln nicht
gegen die Lehre Jesu und machen sich nichts daraus ihr Leben zu
verlieren, so lange sie nicht ihren ewigen Ruhm einbüssen. Sobald
Leute diese Höhe der Verblendung erreichen, hat keine Strafe
Schrecken genug für sie und Stellung und Wohlstand [1]) gilt ihnen
nichts. [2]) Wahrlich, es muss beunruhigend für Eltern und Herren
sein, die an diese Religion glauben!

Confucius sagt: Ich kann die Welt, in der ich lebe, nicht
verstehen; wie ist es mir möglich von der nächsten etwas zu wissen?
Da die Frage betreffs des zukünftigen Zustandes [3]) von Confucius
nicht vollständig erklärt worden ist, so wird sie von Denen, die ihm
in Verständniss nachstehen, natürlicher Weise auch nicht begriffen.
Jesus sagt viel über den Gegenstand und spricht von der zukünf-
tigen Welt als einem Platz wo er gewesen ist, und selbst wenn wir
annehmen wollten, dass das, was er sagt, wahr sei, so kann die
Unsterblichkeit, von der er spricht, nur Bezug auf die Seele haben. [4])
Nun stammt aber die Kenntniss und das Verständniss des Geistes
(Seele) vom Körper [5]) und er, der Geist, bestimmt über die Empfin-
dungen [6]), die der Körper empfangen hat, nämlich über das Fühlen,

---

[1]) Wörtlich „Gehalt" und „Pensionen" von der Regierung.

[2]) Meinend, dass jede Strafe, die man ihnen auferlegen möge, ohne
Wirkung sei.

[3]) Wörtlich „was nach dem Tode kommt".

[4]) Diese Beweisführung soll die Unzertrennlichkeit der Seele vom
Körper zeigen.

[5]) d. i. der Geist empfängt vom Körper die Gegenstände, an welchen
er seinen Verstand und seine Urtheilskraft ausübt.

[6]) Beurtheilt sie als angenehm oder unangenehm.

Sehen, Hören, Riechen und die Ruhe, die durch Berührung (oder Verbindung) mit fremden Gegenständen entstehen. [1]

Obgleich Jesus den Körper für unempfindlich und gefühllos hielt, trotzdem ist es noch nicht geschehen, dass die Augen gehört und die Ohren gesehen haben. Wenn der Körper gefährlich beschädigt ist, so hört die Verbindung mit äusseren Gegenständen auf, d. h. die fünf Sinne [2] und sieben Schwächen [3] (oder Leidenschaften) verlieren ihre Functionen. Alle die, welche die Lehren Jesu predigen, unterstützen diese Ansicht von der Verwandtschaft zwischen Körper und Geist kräftig und sagen, dass wie im Traume Gefühl von Schmerz und Lust, so auch die Seele (nach dem Tode) beide, Schmerz und Freude, empfinde. Diesen Leuten ist die Thatsache unbekannt, dass Träume durch den Körper veranlasst werden. Es giebt Niemanden in der Welt, der sich, selbst im Traume, auf seinem Kopfe hat gehen sehen oder der mit seinen Füssen Dinge erfasst hätte. Und warum? Weil das, was in Bezug auf den Körper unmöglich ist, im Traume nicht dargestellt werden kann. Des Menschen Gefühle und Sinne werden durch den Körper in Bewegung gesetzt, und Freude oder Leiden sind die Wirkungen davon. Wenn die Seele vom Körper getrennt ist, so ist es klar, dass sie weder Schmerz noch Lust empfinden kann. Hieraus folgt, dass Jesus sogar nicht im Stande ist, nach seinen eigenen .Willen der Seele Sinne und Gefühle zu verleihen.

Er (Jesus) sagt ferner, „nach dem Tode giebt es kein Heirathen noch Verheirathet werden." Nun sind aber das Essen, Trinken und geschlechtlicher Verkehr die grossen [4] Begierden des Menschen, und wenn es daher kein Heirathen oder Verheirathet

---

[1] Dies klingt fast wie eine unbestimmte, nichtssagende Behauptung. Der Verfasser ist jedoch in der Meinung begriffen, dass Jesus den Körper aller Functionen bar darstelle und annehme, dass dieselben durch den Geist verrichtet werden. Und nimmt Tschiuhei ferner an, dass, sollte der Geist die Anordnung und Leitung der körperlichen Functionen haben, er sie in einer verschiedenen Weise nach ihrer natürlichen Ordnung eingerichtet habe.

[2] Fühlen, Hören und Riechen, der Sinn der körperlichen Behaglichkeit und der Bequemlichkeit.

[3] Nach der japanischen Reihenfolge: Freude, Zorn, Liebe, Furcht, Hass, Wunsch und Kummer.

[4] d. h. hauptsächlichsten.

werden der Seele giebt, so folgt, dass auch kein Essen und Trinken stattfinden kann. [1]) Und wenn das der Fall ist, so hat das Leben keinen Zweck, und was die unvergängliche Krone betrifft, ich für meinen Theil habe keinen Wunsch eine zu empfangen und vor dem ewigen Feuer fürchte ich mich nicht. [2]) Gesetzt, Jesus wäre der Sohn Gottes und belohnte die, welche an ihn glauben, und bestrafte die, die ihre Eltern liebten und ihre Herren und Vorgesetzten mehr als ihn selbst verehrten, selbst wenn ich der leibhaftige Teufel werden sollte, weder würde ich in der Liebe zu meinen Eltern fehlen, noch in der Pflicht gegen meinen Herrn auch nur um eines Haares Breite abweichen.

---

[1]) Vergleiche Cicero, de amicitia Cap. IV. § 14. Sin autem illa veriora ut idem interitus sit animarum et corporum nec ullus sensus maneat: ut nihil boni est in morte sic certe nihil mali. Sensu enim amisso fit idem quasi natus non esset omnino.

[2]) Wenn, sagt der Verfasser, die natürlichen Wünsche und Vergnügungen der Menschen im zukünftigen Leben fehlen, so bringt das Fortleben keine Wohlthaten mit sich, und ich meinerseits habe keinen Wunsch an den Freuden eines Lebens theilzunehmen, das angeblich im Tragen von unvergänglichen Kronen etc. besteht — und was die christliche Hölle betrifft, so glaube ich an solch' einen Platz nicht.

DRITTER THEIL.

Die Geschichte, dass Jesus sein Blut für die Sünden der Welt vergossen habe, dass er am dritten Tage nach seinem Tode wieder auferstanden und dass er in den Himmel am hellen Tage gefahren sein soll, dies sind einfach Erfindungen seiner Jünger.

Zu Jesu Zeiten war der Buddhismus im südlichen Theile des Landes, worin er wohnte, und die Religion der Römer im nördlichen Theile verbreitet. Beide Religionen waren auf der Höhe ihrer Macht. Jesus, damals noch jung, aber mit gewaltigem Verstande ausgestattet, trat ihnen mit der Verehrung eines lebendigen Gottes entgegen. Er wünschte diese Religionen zu vernichten und die Leute an sich selbst glauben zu machen. Wenn wir die Bibel[1] durchblättern, so finden wir, dass der grösste Theil derselben mit den Kämpfen, die er gegen diese führte, ausgefüllt ist. Daher sagte er auch: „Ich bin nicht in die Welt gekommen Frieden zu bringen, sondern Zwietracht." Indem er seinen Jüngern mittheilte, dass die, welche nicht an ihn glaubten, bestraft, hingegen die, die an ihn glaubten, begünstigt werden würden, bekräftigte er sie in ihrem Ueberzeugungen und so unterstützten sie sich gegenseitig in ihrem Widerstande gegen andere Religionen. Fest auf ihrem Glauben stehend, bemühten sie sich eifrig die Falschheit der anderen Lehren zu beweisen. Deshalb hassten die Bekenner derselben die Anhänger Jesu, als wären sie böse Geister oder schädliche Reptilien, während die Letzteren Jesu zu der Stellung eines Herrschers unter sich erhoben und ihn zum König zu machen wünschten. Daher kam es,

---

[1] Das neue Testament ist jedenfalls gemeint.

dass der Fürst des Landes sich beleidigt fühlte. Dies ist der Grund, dass Jesus gekreuzigt wurde. Wenn Jesus wirklich beabsichtigt hätte, sein eigenes Leben zu opfern, um die Sünden der ganzen Welt zu sühnen, so liess sich erwarten, dass er in der Nacht vor seinem Tode gefasst und ohne geistige Schmerzen gewesen sein würde. Dem war es aber nicht so. Im Gegentheil verursachte ihm der Gedanke an seinen Tod grosse Unruhe. Er verbrachte die ganze Nacht schlaflos und weckte sogar seine Jünger, die um ihn waren, auf, sich mit ihnen zu unterhalten. Dazu kommt noch, dass der geldgierige Judas ihn für 30 Rios verkaufte, und überlieferte er (Jesus) sich daher, um sich tödten zu lassen, nicht freiwillig und aus eigenem Antriebe. Unwissend, dass er ihn verrathen würde, erwählte Jesus gerade den, der ihn später verrieth, und machte ihn zu einem seiner Jünger.

Seine Unwissenheit ist in dieser Hinsicht geradezu erstaunlich. Wie konnte er, diesem Beispiele von Ignoranz nach zu urtheilen, wissen, dass sein Tod eine Sühne für die Sünden der ganzen Welt sein würde? Es ist eben unmöglich, dass er dies gewusst hat. Als er seinen Schülern nach seinem Tode bei seiner Rückkehr zum Leben erschien, lehrte er ihnen etwas Anderes (als er vor seinem Tode gethan). Was Jesus über das immerwährende Leben ohne Sterben sagte, meinte er in Bezug auf die Seele. Ist nun aber der Körper einmal vernichtet, so kann er nicht erneuert werden. Nach diesem Grundsatze lehrte Jesus seine Schüler und legte deutlich nieder, dass, wenn der Körper einmal vernichtet, er nicht wieder hergestellt werden könne. Trotzdem brachte er seinen eigenen Körper in's Leben zurück. Setzte er nicht, indem er dies that, einen hohen Werth in denselben zum Schaden seiner Seele? Jesus wollte zum Himmel fahren. Nun ist aber der Himmel ein leerer Raum. Selbst wenn er nun seinen Körper wieder zum Leben brachte (und in's Nichts aufgestiegen), so würde er keinen Platz für seine Beine gefunden haben. Der Körper ist im Himmel zu nichts nütze. Dies ist einleuchtend. Deshalb rief Jesus, als er starb, mit lauter Stimme: „Vater, Dir übergebe ich meinen Körper!" Gesetzten Falles, Jesus wäre wirklich wieder lebendig geworden und hätte somit das Wunder vollbracht, so würde er wohlgethan haben sich unter die Leute zu mischen und dadurch noch Andere an seine Religion zu glauben veranlasst haben. Doch sprach er (nach seiner Rückkehr zum Leben) nur mit seinen Jüngern und einigen alten Weibern. Das war es, was die Leute an der Wahrheit der Geschichte zweifeln machte. Wie kam es, dass Jesus die menschliche Natur nicht besser kannte?[1]) Diese Geschichten über Jesus gleichen alle der vom Diebe, der eine Glocke stahl, sich aber erst die Ohren zustopfte.[2]) Je mehr Sorgfalt verwendet wird (die Wahrheit) zu verbergen, desto schneller zeigt es sich. Als am dritten Tage nach Jesu Tode die Leute sahen, dass das Grab offen und der Körper nicht mehr da sei, kamen sie zur Ueberzeugung, dass seine Jünger ihn gestohlen hätten, und — sie hatten recht. Sehen wir, was der Jünger Meinung nach seinem Tode war, so scheint es, dass sie fürchteten, die Leute möchten nicht an seine Lehre glauben, und gaben sie daher überall aus, dass er sein Blut für die Sünden der Menschheit vergossen habe und stahlen heimlich seinen Leib, vorgebend, dass er zum Leben zurückgekehrt sei. Besorgt, dass die Leute auch dies nicht glauben würden, führten sie als Zeugniss für die Wiederaufstehung eine Prophezeiung aus früherer Zeit, dass dies geschehen solle, an. Jehovah hatte zu Aaron in Bezug auf die Ceremonien beim Passafest gesagt: „Ihr „sollt dies in einem Zimmer essen und nichts von dem Fleische „soll herausgebracht, noch ein einziger Knochen zerbrochen werden." Jesus war, als er starb, in Gesellschaft von zwei Dieben gekreuzigt worden. Tags darauf war das Passafest, aus welchem Grunde der Officier, der der Execution vorstand, die sofortige Wegschaffung der Körper anordnete. Da die beiden Diebe noch nicht todt, so wurden ihre Beine gebrochen. Jesus war aber schon gestorben, folglich wurden seine Beine nicht gebrochen. Nun behaupteten die Jünger Jesu, auf dem Gebote Jehovah's, nicht die Knochen des Osterlamms zu brechen, fussend, dass Jesus sich als ein Stellvertreter für alle

---

[1]) Warum gab er sich nicht die Mühe, sie an sich glauben zu machen, indem er sich Jedermann nach seiner Auferstehung zeigte?

[2]) Ein Dieb wollte eine werthvolle goldene Glocke stehlen. Diese war rund und geschlossen, so dass man den Klöppel, der sich in ihr befand, nicht herausnehmen und somit die Glocke nicht verhindern konnte, Lärm zu machen, ohne sie zu zerbrechen. Zuletzt hatte er einen glücklichen Gedanken. Er verstopfte sich seine Ohren und stahl dann die Glocke, natürlich vergessend, dass dergestalt sein Object, welches die Vermeidung des Gehörtwerdens des Klingens der Glocke war, nicht erreicht werden würde, da anderer Leute Ohren nichts destoweniger offen blieben.

Menschen hingegeben und die Sünden der ganzen Welt gesühnt
hätte. Wenn die Thatsache, dass die Knochen Jesu nicht gebrochen
worden sind, als ein Zeugniss des Zusammenhanges der beiden Er-
eignisse hervorgebracht wird, wer wird dann wieder Fleisch und
Knochen in einem Zimmer essen? Confucius sagt: „Durch Ent-
schuldigung wird Unsicherheit bekannt."[1]   Das Verhalten der
Anhänger Jesu beweist die Wahrheit dieses Grundsatzes.

[1] Nämlich, wenn jemand mit Erklärungen und Entschuldigungen an-
fängt, so zeigt dies, dass er mit seiner Sache nicht sicher ist.   „Qui s'ex-
cuse s'accuse".

VIERTER THEIL.

„In Irreführung des menschlichen Geistes durch Vormachung
„übernatürlicher Dinge, in Verachtung der *Chiu-* und *Ko*·Doctrinen
„und Erhebung ihres eigenen Gottes, in Beachtung der Lebens-
„zeit als von wenig Werth und Erwartung der Glückseligkeit nach
„dem Tode als die allerwichtigste Hauptsache und in Aufmunterung
„der Menschen durch die Hoffnung einer Wohnung im Himmel
„und zu gleicher Zeit Aengstlichmachung derselben durch die Aus-
„sicht auf die Hölle — ist die Lehre Jesu dieselbe wie die des
„Buddha. Der einzige Unterschied zwischen den beiden ist das
„buddhistische Princip der Seelenwanderung, das bei Jesus nicht
„erwähnt ist. Die Ausübung des Buddhismus in diesem Lande
„geschieht schon von Alters her, und warum sollte letzterer der
„Lehre Jesu gegenübertreten (da die beiden doch so ähnlich)?“
Dies ist die Meinung unwissender [1]) Leute.

Nun mag zwar einige Aehnlichkeit zwischen dem Buddhismus
und der Lehre Jesu sein, jedoch finden wir bei Vergleichung der
beiden (obgleich sie alle zwei schlecht) den Unterschied, dass das
Böse im ersteren geringfügig, während es in letzterer gross, dass
die eine Lehre harmlos, die andere aber schädlich ist. Die Lehrer
des Buddhismus sagen: „Gieb Deiner Eltern Sorge auf [2]), und führe

---

[1]) Wörtlich „Leute mit Masken“. — Die Idee ist, dass, obgleich in
der Maske Sehlöcher, diese doch zu klein sind, um einen weiten Ueber-
blick zu erlauben.

[2]) „Verzichte darauf die Güte deiner Eltern zurückzuzahlen.“

ein rechtschaffenes Leben, weg von der Welt." Trotzdem wird die Elternliebe nicht verschmäht, sondern erwiedert. [1])

Gleichwohl stellt Jesus die Vorgesetzten und die Eltern nur als zeitlich dar. Der Buddhismus macht es den Leuten zur Pflicht, für das zukünftige Wohl der Vorgesetzten und der Eltern zu beten. Somit ist das „Thui-yen" [2]) im Buddhismus zu finden. In der Lehre Jesu endigt Alles mit dem Tode; keine Messen oder Gebete werden für die Todten gesagt. Dies erscheint uns wie das Betragen von Hunden und Pferden. Der Buddhismus ist schon während einer langen Reihe von Jahren ausgeübt worden und hat nun gelernt den Gesetzten des Landes zu gehorchen. Die Lehre Jesu ist anmassend und prahlerisch. Sie beugt sich nicht vor der Autorität des Landesherrn. Es ist nicht meine Sache, diese Dinge hier zum Besten der verschiedenen Herrscher zu· erklären, — was ich aber fürchte (sollte die Religion angenommen werden) ist, dass die Gebräuche dieses Landes abgeschafft und Unruhen dadurch entstehen werden. Jehovah nannte sich selbst einen eifrigen Gott und erlaubte seinen Anhängern nicht einen andern Gott anzubeten. Jesus verschärfte dieses Gesetz mehr und mehr und schwur, dass er alle anderen Götter vernichten würde. Aus diesem Grunde sagte er auch: „Ich bin nicht in die Welt gekommen Frieden zu bringen, sondern Zwietracht."

Sollte dann die Religion adoptirt werden, so müssten die Schreine Jimmu Tenno's und die der verschiedenen Kaiser und Vornehmen und solche, die patriotischen und berühmten Männern geweiht, zerstört werden und die ganze Nation bis zum gewöhnlichen *samurai* und die unteren Classen herab hat dann von der

---

[1]) Der Verfasser folgert so: Die *Chiu-* und *Ko*-Doctrinen sind nicht ver-, sondern in Wirksamkeit ge-achtet. Warum? Weil, indem sich die Leute von der Welt zurückziehen, sie thatsächlich die Elternliebe unvergolten lassen und in der Einsamkeit Niemanden mehr zu sehen bekommend, sie nicht im Stande sind die empfangenen Wohlthaten in dieser Welt zurückzuzahlen, sie trotzdem ihre Zeit in Gebeten für die Seelen ihrer Eltern hinbringen und um eine glückliche Seelenwanderung für sie bitten können. Obgleich es daher beim ersten Anblick scheint, dass dieses Gebot der *Chiu-* und *Ko*-Lehre entgegengesetzt ist, so zeigt sich jedoch ·bei genauerer Prüfung, dass das Princip dasselbe.

[2]) Todtenmessen.

Darbringung von Messen für die Seelen ihrer Eltern und Vorfahren abzulassen. Wie können unsere Gebräuche, auf welche die *Chiu*- Lehre einen so grossen Einfluss ausübt, dies ertragen?

Im Buche Soschi wird gesagt: „Wenn dem Tode Ehrfurcht er- „wiesen wird und Messen für die Seelen der Verstorbenen gelesen „werden, so verbessern sich die Sitten der Leute". Confucius und andere Weise behandeln die Todten auf gleiche Weise wie die Lebenden.[1] Die Frage, ob sie für die ihnen bezeigten Aufmerk- samkeiten empfänglich oder nicht, sollte gar nicht in Betracht ge- zogen werden. Der Zweck dieses Befehls war, die Leute auf den richtigen Weg der Moral zu bringen.

Jesu Lehre zufolge werden Herren und Eltern für Nichts nach ihrem Tode angesehen. Das erscheint uns wie das Betragen von Vögeln und Thieren. Die Anhänger der Religion Jesu suchen nur für sich selbst die Glückseligkeit, die im Himmel zu erlangen — dies läuft darauf hinaus, die Leute durch Anerbieten von Vortheilen zu leiten. Wenn dies erlaubt wird, sollten nicht unsere Sitten und Ge- bräuche, unter denen die *Chiu*-Doctrin eine so hervorragende Stellung geniesst, schrecklich verdorben werden?

Buddhismus hat in unserm Lande über tausend Jahre existirt und jedes Individuum der Nation hat seinen eignen bestimmten Glauben und vollzieht demgemäss seine gottesdienstlichen Hand- lungen. Selbst wenn dies plötzlich und streng verboten und voll- ständig verhindert werden würde, so ist es unmöglich den Glauben eines Volkes plötzlich wegzuthun. Sollte solch' eine Massregel wirk- lich ins Werk gesetzt werden, so würde das ganze Land in Aufruhr ausbrechen.

In den letzten Jahren ist die Gesinnung des Landes gegen althergebrachte Sitten und Gebräuche gewesen und begünstigt es fremde und seltsame Erneuerungen und wächst diese Neigung von Tag zu Tag. Die unteren Classen, der Pöbel ($o\iota$ $\pi o\lambda\lambda o\iota$) des Lan- des ist unwissend und was Verständniss betrifft in totaler Finster- niss, es ist in ihrer Natur leicht durch Gunst und Widerwärtigkeit, durch Glück oder Unglück beeinflusst zu werden, und sind daher die Gründe, die man für eine gewisse Religion hervorbringt, recht

---

[1] d. h. sie bezeigten dieselbe Ehrfurcht den Todten wie den Le- benden.

schwach (d. h. leicht zu verstehen), so werden die Leute durch sie in weitgehendster Weise irregeleitet. Der Grund, auf dem das Christenthum ruht, ist sehr seicht und die Vortheile, die durch seine Ausübung gewonnen werden, bilden die Hauptsache. Die Leute fürchten sich vor dem Tode, folglich hält man ihnen als Antrieb und Reizmittel ein ewiges Leben vor. Die Leute lieben Reichthum, demgemäss dringt man in sie und reizt sie durch Versprechung von unvergänglichen Schätzen. Jene, die nicht an diese Religion glauben, werden durch Drohung mit unauslöschlichem Feuer zu fürchten gemacht. Leute nun, die gern Profit machen, werden, wenn sie durch diese Religion betrogen, irregeführt worden sind, indem sie Einer den Andern unterstützen, bald an Zahl und Macht zunehmen, und wenn es dann zur Entscheidung der Frage mit Denen, die andere Götter verehren, kommt, werden sie versuchen dieselben zu ihrem Glauben zu bekehren und sie bis auf den Tod bekämpfen. Auch ist es zu fürchten, dass ihr Angriff heftiger sein wird als der Widerstand, den die Anhänger des Buddhismus der Lehre Jesu leisteten. Wenn das Christenthum halbwegs in seinem Vorschritt aufgehalten und verboten werden sollte, so werden sich seine Anhänger halsstarrig zeigen und werden den Autoritäten so lange widerstehen, bis sie Alles, was sie wünschen erlangt haben werden. Die Rebellen von Amakusa [1]), die vor einiger Zeit gegen die Regierung aufstanden, sind ein Beispiel dafür. Wenn man daher dieser Religion sich zu verbreiten erlaubt, wird man ihr später, selbst wenn man will, nicht Halt gebieten können, ohne ihre Anhänger zu vernichten. Sollte man dazu den Grund wissen wollen, so ist er einfach: die Anhänger dieser Lehre glauben, dass, wenn sie für Jesus sterben, ihre zukünftige Seligkeit sich vergrössert. Demnach muss man sich vorsehen.

Ich habe gehört, dass die Anhänger dieser Religion in den westlichen Ländern sich in zwei Parteien getheilt haben, die alte und die neue, — dass sie in Amerika in fünfundzwanzig verschiedene Secten gespalten — und dass diese alle untereinander verschieden und keine der andern in etwas weichen will. Man hat

---

[1]) A. D. 1638 auf die christliche Empörung anspielend, die in der zweiten Hälfte des 10. Monates dieses Jahres nach dem alten japanischen Kalender ausbrach.

mir auch mitgetheilt, dass, wenn Leute in Streit über etwas Anderes als Religion gerathen, sie zu Versöhnung führende gegenseitige Vorschläge annehmen, dass jedoch, wenn Parteien wegen religiöser Streitigkeiten sich gegenüberstehen, auf keiner Seite Unterwerfung erfolgt und, da kein Pardon gegeben, die eine oder andere vernichtet wird. Eine gute Regierung wird aber erst durch die Religion sicher gestellt und sie ist es, die verursacht, dass Ruhe in der Welt herrscht. Heutzutage erzeugt aber Religion Streit und da die Leute für ihren bezüglichen Glauben kämpfen wollen, so tödten und vertilgen sie sich gegenseitig. Wie kann man das Religion nennen? Diese fünfundzwanzig Secten (die in Amerika existiren) haben alle als Grund die Lehre Jesu. Die Unterschiede, um die sie sich zanken, können jedoch nur sehr unbedeutender Art sein, dennoch vernichten sie sich gegenseitig und geben keinen Pardon. [1]) Buddhismus ist diesen Christen zufolge eine Anbetung von Götzen und möchten sie dieselben gerne angreifen und ausrotten. Ferner giebt es die Shintô-Religion, der Stärke nach zwar klein, doch beruhen die Secten dieser Religion alle auf der Anbetung von Göttern. Sollten alle drei Religionen nebeneinander ausgeübt werden, so wird des Streites und Zankes, der daraus entstehen wird, kein Ende sein.

Im Vorhergehenden habe ich mich darauf beschränkt, das Unglück, das im Lande selbst verursacht werden kann, zu erklären. Gesetzt nun, es gäbe im Auslande einen geschickten, gewissenlosen Menschen, wie Moses zum Beispiel, der die Ausbreitung der christlichen Religion als Vorwand nähme, um die Grenzen seines Landes zu erweitern, so würden die Leute, denen durch falsche Lehre schon der Kopf verdreht, sich sicherlich gegen ihre eigenen Landsleute wenden. [2]) Wenn sich das wirklich ereignen sollte, so wäre es ein Unglück, zu schrecklich davon zu sprechen. Unter den gegenwärtigen freundlichen Verhältnissen mit fremden Mächten und Japan würde dies natürlicher Weise nicht stattfinden. Die Menschen wechseln jedoch mit der Welt und (die) Macht (eines Landes) wechselt

---

[1]) Wörtlich: Sie sehen über keine Beleidigung hinweg, noch verzeihen sie eine und sind daher intolerant.

[2]) Der Verfasser nimmt an, dass dieser Mann Japan angreifen würde und dass die japanischen Christen sich dann gegen ihre eigenen Leute kehren möchten.

mit den Zeiten."[*] Deshalb ist es die Pflicht des Herrschers eines Landes, gegen jedes Ereigniss vorbereitet zu sein. Diejenigen, die da wünschen, dass das Christenthum angenommen werden möchte, sind daher Leute, welche das Land in Unruhe und unsere Leute getödtet zu sehen wünschen, und sie sind es, die verhindern wollen, dass Eltern und Vorgesetzte die Ruhe und Gemächlichkeit ihrer ihnen zukommenden Stellung auch nicht einen einzigen Tag geniessen können.

---

[*] „Huo yo to utsuri kici toki to kawaru." „Tempora mutantur et nos mutamur in illis".

FÜNFTER THEIL.

In vergangenen Zeiten, da die Welt noch uncivilisirt war, wurden die Lehren der heiligen Männer nur ungenügend verstanden. Doch liebt die Menschheit Kenntnisse zu besitzen und hat Freude an dem Wunderbaren. Sie wünscht daher den Ursprung des Universums und der menschlichen Geschöpfe zu wissen. In Japan sagt man nun z. B., dass die Götter dieses Land gezeugt hätten, während China die Tradition hat, dass das Gewölbe des Universums mit Steinen, zu einem Pulver gemahlen, ausgebessert worden sei. Folglich steht die Geschichte von der Erschaffung der Welt durch Jehovah nicht allein da. Als die Macht des zweiten chinesischen Kaisers Schôkôschi im Abnehmen, gab es eine Mischung von Göttern und Menschen im Lande, was grosse Confusion verursachte. Es wurden der Ausübung der Religion wegen die Leute Priester, auch gab es keine bestimmte Theilung der Classen. Sengiyoku, der dritte chinesische Kaiser, der diesen Zustand bei seiner Thronbesteigung vorfand, übertrug die Wissenschaft der Himmel und Alles was mit der Verehrung der Götter zusammenhing, seinem Unterthan Nonseichô und übergab die Wissenschaft der Erde der Obhut Kuwaseiri's und bevollmächtigte ihn mit der Regierung des Volkes. Das Resultat davon war, dass der Verkehr zwischen dem Himmel und der Erde und zwischen der Erde und Himmel aufhörte und eine vernünftige Ordnung hergestellt wurde. Als Giyô und Schiyun Kaiser geworden, wurden die Gôten [1]) (oder fünf Regeln) aufgesetzt und die Leute

---

[1]) Diese Regeln enthalten die Vorschriften, welche beobachtet werden müssen zwischen 1. Eltern und Kind, 2. Herrn und Diener, 3. Mann und Frau, 4. Denen, die gegenseitig in einem Verhältniss als Brüder oder Schwestern stehen. 5. Freunden.

„Bemmo".

3

veranlasst, sie zu beobachten. Einem hohen Beamten des Staates übertrug man das Amt, alle die, welche die Regeln verletzen, zu bestrafen. Ein Gesetzbuch mit fünf Strafen wurde zur Besserung der Leute gebraucht, während neun Tugenden als Ermunterung in Aussicht gestellt wurden. Die folgenden Kaiser zeichneten sich alle durch Gelehrsamkeit und Rechtschaffenheit aus; Sitten und Musik erreichten einen hohen Grad der Vollkommenheit.

Als Confucius das Buch Schokiô [1]) von Neuem ordnete und revidirte, liess er den Theil, welcher die Zeit vor der Regierung der beiden Kaiser Giyô und Schiyun betraf, weg, weil keine nützlichen Lehren für die Nation daraus gezogen werden konnten. Daher giebt es auch kein Land, in welchem die Regierung des Volkes vorzüglicher als die China's wäre.

Die westliche Welt ist so weit von China entfernt, dass sie bis jetzt noch nichts von den Lehren Confucius' gehört hat, auch gab es keine bessere, die sie an Stelle der Religion Jehovah's hätte annehmen können. Die Leute des Westens sind gescheidt in ihrer Kenntniss des Himmels, auch verstehen sie gründlich die verschiedenen auf die Erde bezüglichen Fragen. Es muss daher Einige unter ihnen geben, die wissen, dass die Religion Jesu falsch ist. Diese vernünftigen Leute fürchten sich jedoch, durch Verbesserung der Fehler dieser Religion Feindseligkeiten ausgesetzt zu werden, während Andere, gescheidt aber gottlos, die Religion als Vorwand gebrauchen, die Grenzen ihres Landes zu erweitern. Der Schluss, zu dem wir durch Vorgehendes kommen, ist, dass die alten Gebräuche unseres Landes niemals geändert werden können.

Was war der Anfang der Welt und der Menschheit? Die Weisen machen davon keine Erwähnung, folglich weiss ich es auch nicht. Ungeachtet dessen haben die Anhänger Jesu viel darüber zu sagen. Sollte unser Volk durch das, was sie vorbringen, irregeführt werden, so ist es unmöglich die Grösse des Unglücks, welches dadurch über unser Land kommen würde, zu schätzen. Ich will daher meine eigenen Ideen über diese Frage darlegen.

Die Erde und die fünf Sterne hängen in ihrer Bewegung von der Sonne ab und drehen sich im leeren Raume Tag und Nacht herum, jeder im Besitz eigener Gesetze (von Bewegung u. s. w.). Die

---

[1]) Eine Geschichte China's.

Erde legt mit jeder Herumdrehung einen Grad zurück und 365 dieser Drehungen machen einen Umlauf um die Sonne oder ein Jahr. Jedes Jahr hat vier Jahreszeiten, 12 Monate, 24 Wechsel von Jahreszeiten und 72 geringere Wechsel von Jahreszeiten, die ihre Namen von der relativen Nähe oder Entfernung von der Sonne erhalten. So kommen alle Dinge zum Dasein, reifen und endigen, alle haben in gleicher Weise ihren Frühling, Sommer, Herbst und Winter. Sobald sich der Sonne Einfluss auf der Erde nicht bemerkbar machen kann, ist diese unfähig etwas hervorzubringen. Diese Ordnung der Dinge hat seit den frühesten Zeiten gewaltet und hat keine Veränderung erlitten. Folglich ist die Sonne die Herrscherin über die Welt und da die höhere Gewalt, lässt sie die Bäume gedeihen oder verdorren, giebt der Welt Fülle oder Noth. Darum kann man sogar sagen, dass die Sonne die Erde geschaffen hat. Und wie mit der Erde, so ist es auch mit den fünf Sternen. Durch Anhäufung von Abfällen und Unrath auf der Erde werden Insecten, Fische in stillstehendem Wasser erzeugt. Bedenken wir diese Thatsachen, so kommen wir zu dem Schlusse, dass die Menschheit aus *Ki* (Luft — materialisirt) gemacht ist, die, welche das männliche Element der Natur *Yoki* (durch die Sonne geliefert) empfangen, werden Männer, die, die das weibliche Element *Juki* (durch die Erde geliefert) erhalten, werden Frauen. Somit ist ein Unterschied zwischen Mann und Frau und beide haben geschlechtlichen Umgang, um ihre Rasse fortzupflanzen. So geschieht es in der thierischen Schöpfung. Wie sollte es möglich sein, dass nur die Menschheit einer verschiedenen Regel folgen sollte? Was die Geburt menschlicher Wesen betrifft, so ist die Frage, wie das Geschlecht eines Kindes vor der Geburt ermittelt werden kann, durch die Weisen vergangener Zeit in dem Buche „Taiyeki" wie folgt beantwortet.

Der Verfasser ergeht sich hier in einer langen Auseinandersetzung des „Schiuyeki" oder „System der Vorhersagung", welches man anwendet, um das Geschlecht des ungeborenen Kindes zu ersehen. Es ist unnöthig ihm darin zu folgen.

Am Ende derselben berichtet er:

Sollte es sich ereignen, dass ein männliches Kind geboren werden sollte, wenn ein weibliches vorhergesagt worden war, oder

3*

ein weibliches, wenn ein männliches geweissagt wurde, so ist dies ein Fehler der Geburt und ist es dem Kinde unmöglich volljährig zu werden. Es mag älter werden, aber in keinem Falle hat ein Kind mit diesem Geburtsunfalle das zwölfte Jahr überlebt. Diese Zahl ist durch den Himmel festgestellt.

(Der Verfasser fährt dann fort seine eigenen Ideen über den Mond und seinen Einfluss auf unsere Erde anzugeben.)

Der Mond ist auch ein Erdball. Er strömt kein eigenes Licht aus, sondern wirft das Licht, welches er von der Sonne leiht, aus. Wie kommt es, dass beide, männliche wie weibliche Elemente, zur Schaffung von Kindern nöthig sind? Sehen wir. Ein Spiegel hat kein eigenes Licht, erhellt jedoch, vor ein Licht gebracht, das ganze Zimmer. Die Beleuchtung der Erde durch den Mond beruht auf demselben Princip, wie die Erhellung eines Zimmers durch einen Spiegel. Der Mond hängt in seinen Bewegungen von der Erde ab. Er umkreist die Erde einmal in etwas mehr als 29 Tagen und dergestalt lassen ihn die Himmel Wache über die Erde halten. Daher sind die Dinge in unserer Welt, welche mit dem weiblichen Princip der Natur zusammenhängen, vom Monde abhängig. Der Körper des Hamaguri[1] folgt in seiner Grösse dem Zu- und Abnehmen des Mondes und auch die Ebbe und Fluth entsprechen der An- oder Abwesenheit desselben. Dies beweist klar, dass das weibliche Element mit der Natur harmonirt und dem Monde unterthan ist — (dem vornehmsten weiblichen Elemente). ·

Es unterliegt somit keinem Zweifel, dass beide, das *Juki* (weibliches Natur-Element) und das *Yoki* (männliches Natur-Element) zur Erzeugung von Kindern erforderlich sind und wird die Länge des Lebens (eines zu gebärenden Kindes), ob es hässlich oder hübsch, unglücklich oder. glücklich, reich oder arm, gescheidt oder dumm, verständig oder thöricht — diese Fragen werden durch die Hülfe der sechs Dinge beantwortet.

(Der Verfasser zählt nun die sechs Dinge auf und geräth in eine bedeutungslose Beweisführung über den Gegenstand der Divination. Er schliesst mit der Bemerkung: —)

Ich habe gehört, dass in den letzten vierzig Jahren einige Leute in Indien mit Befriedigung auf die Lehren des Confucius

---

[1] Name eines Schal- oder Weichthieres.

herabgesehen und gesagt haben: „Was die Regierung der Welt betrifft, so giebt es keine Religion, die besser als die des Confucius ist!" Diese Personen haben in jüngster Zeit Uebersetzungen der Bücher des Confucius in ihrer eigenen Sprache veranstaltet und haben sie drucken lassen. Ihr Grund dazu war der Wunsch, die Religion des Confucius in ihrem eigenen Lande zu verbreiten. Die Leute dieses fraglichen Landes sind natürlich gescheidt und gleichen nicht den Bewohnern der Länder im Norden und Süden von ihnen, die sich nicht belehren lassen wollen. In nicht zu langer Zeit wird daher diese unsere Religion durch jenes ganze Land angenommen worden sein und werden somit Confucius' Lehren an Stärke zunehmen, während die anderer Religionen verlieren werden. Dieser Erfolg wird nach und nach und durch sich selbst gewonnen werden. Und sollte daher die Religion Jesu in unser Land jetzt eingeführt werden, so wird in dreissig oder vierzig Jahren folgender Zustand herrschen: In Indien wird der Buddhismus ausgestorben sein, während in unserm Lande ein Uebel, dem des Buddhismus ähnlich, zurückgeblieben. Wer kann dies verneinen? Es ist die Pflicht Derer an der Spitze der Regierung, darauf zu achten.

제5부
—————
한문 원문

雖嚴禁其教、其言則浸滛於洋書之中、其害人心已
有如此者、焉予老矣、不能復與東西風靡之徒辨其
是非邪正、足下亦知我心之悲邪、足下嘗游於我門、
與聞忠孝仁義之說、非淳乎異端者之比、苟亦與彼
徒附和、以唱共和之說、其罪甚於不知而為之者、請
自此絕、勿再蹈我門、若猶亦也、亦愼所以自處、書不
盡言、唯足下思之頓首、

列聖相承、培殖斯民深仁渥澤淪其胕腑、是以民尊
之如神明親之如父母有言游惇逆者憎之如蛇蝎、
雖道有汗隆運有否泰、一姓統御二千五百有餘年、
以豐臣氏之豪奢、猶不敢覬覦神器、非亦以分素定
邪況
今上英明、冲年能復舊物、百慶皆熙、未聞有失德之
事可謂不世出之
主矣、而淺學無識之徒、欲取無君之邪說以施之皇
國謂之赤族之罪、其誰為不可、昔者楊墨塞道孟子
闢之、使聖道復明於後世、耶蘇之塞道百倍楊墨、本

無君長、及華聖頓却萊兵、為置共主、四年一更其法
若最無弊者然、近聞其情、其為共主者、冀展期限
擬代立者爭欲淂之、賄賂旁午、醜聲遠播、殆有不忍
聞者焉、以予所見其勢亦將不久而變矣、夫刺之所
在、不以義制之其寃必至亂、故聖人建法、諸候以上
皆象賢士大夫世祿、而鄉舉里撰、以助其不逮雖開
有無道之君、積威之所壓、民不敢作亂、分定故也、孟
子曰、貴貴尊賢其義一、不可易焉耳況
皇朝以忠厚建國、自
神武天皇定都於橿原

尋常之人舉其所賢雖盡心公撰亦各止其所見未
必得特絕之才且其所舉素無君臣之分甲不可則
推乙乙不可則進丙易置之如奕棊然而其有才藝
者苟見推於眾人皆可以握國柄於是養望于鄉冀
中其撰既得之又恐失之而國非其國民非其民安
冀存者如胡人視越人肥瘠其所施為仰權豪鼻息
以為之向背唯恐失其意而廢黜近時佛蘭西久在
圍城中不能出城一戰特行側媚於權豪以固其位
而不遑之徒劫官殺吏上下相待如路人至糧盡乞
降而止安在其富國強兵哉獨米利堅興於流氓始

淳慕艷稱、爲至當不易、不能究其理、非成敗所在、其

言悖逆至此、而不知自陷於赤族之罪、故好異不已

流爲耶蘇耶蘇不已、陷爲無君無父之人邪説之惑

人、如阿斤之釀歡夢、日覺其可樂、而不知其受害既

深、雖欲悔之不可復及可不愼乎、然此特論其賊義斗

至其害國勢抑又有甚焉、夫人之難知、其於隔墻察

物、以堯之大聖廣咨賢材於群臣而爲之臣者又非

皆阿黨謀利之人然或勸鯀、或稱共工、何則其智有

所限也、禹曰、知人則哲、維帝難之、孔子亦曰、衆好之

必察焉、衆憎之必察焉、故唯聖知聖唯賢知賢、今以

主上於何地也、傅曰、君親無將、將而誅之、夫廢立何
等事、今也公然唱之學館、而爲之師者亦不知禁之、
以我道論之、亦族不足以償其罪寧服問其是非哉、
然其所以至此、盖亦有由而然、西洋土墭穀以不足
以自給是以爲奇技滛巧、廣與四方貿易、以補其缺、
是以其權在商勢與王侯相抗、俗又奉耶蘇教耶蘇
之立教以君炎爲假輸財於己謂之積於天上計吏
收稅憎之甚於盜賊是以民邀視其君、而貴耶蘇爲
真君之子、此共和政事之說所以盛行於西洋也洋
學之徒、不知忠孝仁義之爲何物粗能讀蟹字則便

與某生論共和政事書

衡白某克足下、足下徃日来問、同學之徒、百有餘人、盛唱共和政事之美、謂非此不能以富國強兵、其是非如何、偶坐有他客、不欲深言之、粗言其不可而止、既而思之、恐足下為其害止於此、故復脩書以詳言之足下亦知昕謂共和政事者邪、昔者周屬王無道、民不忍王、流王於彘、天下無君七年、同姓諸侯恐周室之覆相共適京師為政、當時號為共和、故共和者、天下無君群臣相共為政之謂也、若必欲行之於皇朝不知將置

饋問之儀失、而賄賂公行、聖人以神道設教之意微
而假左道以惑民者徧於天下皆不知道原於情之
過也、

世、智慮淺短、專任耳目、不復求乎古人制禮之意、徒
聞鬼神之名、而不見其形、固已疑其無矣、然猶曰是
聖人之言也、不敢顯然與之偝、必欲得其形而明言
之、而精氣成物游魂為變、亦不足以伸其說、於是強
求之理、見二氣所以往来、乃曰是鬼神也、見其榮枯
盛衰於物、乃曰是其跡也、至以為鬼神成狀於心而
極矣、而我理不足以勝彼情、語之益詳、聽之益邈、其
民漁焉曰離草鞋有神野狐有靈木石之怪、莫物不
祀、傑者興於其間、益張皇其說、以羅斯民、而王侯所
以御下之權削矣、故婚姻之禮殺、而世多濫刑享献

而視之畏、疑與信半、其善易導、其惑易成、謂是
可以設教而適道矣、而衷情所根、其溢有不可不防
者焉、於是為之主几廟壇、以顯其位、薦之牲牷黍稷、
以明其享、拜跪以事之歌吹以樂之、齊明盛服極其
誠敬、使民能知其所當祀以達其情、而以左道惑民
者殺其道可謂備且嚴矣、然猶恐其或惑也、故詳其
事於禮、而畧其理於辭、不敢質言之不得已而論之、
必曰如以狀之、如云者不得而接其形與聲之謂也、
夫其不得而接者、即其所以體物而不可遺也、聖人
之精乎情如此、故神人以治、而民享其福矣、及至後

行於事、然後其心、安焉橫目之民不謀而同、是之謂

魈神之實也、何以言之、途之人相遇於野、好惡動於

彼、而順逆之氣應於此、心之無形、猶神之無狀目不

能見耳不能聞、而彼我已接於冥々之中、非唯以其

有物邪、鬼神之於人亦猶此焉爾、然則聖人設鬼神

之名、蓋得之人情也、人情天也、所以行之者人也、人

與天合、而道生故道也者所以達人情而防其溢也、

而於鬼神乎最慎之、夫鬼神雖無形聲可徵焉、有時

乎成狀、故聖人嘗於繫辭而一言之、然亦有正焉、有

妖焉、不足以為訓而魂氣之所動人又以禍福災祥

鬼神論

有轟然震於天者、指而告人曰、雷也、人從而信之、有

奮然躍於淵者、指而告人曰、龍也、亦從而信之、以其

有形與聲耳、是故風之蓬然而行也、號於萬物之竅、

氣之蒸々而外也、淳於朝陽之隙、故有是物必有是

名、因名以求實、雖變如雷龍微如風氣我得而察之、

其唯鬼神乎、視之而不見聽之而不聞若森然有克於

天地之間、而莫能淯其狀、則古者何以設是名也、今

夫遠夷無文之地、淂疾而禱遭災而禳天地有祭山

川有祀、非有聞於吾道也、非人指教之也、發於情而

所以生、如此明且盡之、安得以死後不可知之靈而
滅之哉、我聞前四十年而来、西土亦有悅聖人之教
者、曰治天下、莫孔夫子之道若焉、輓近則梓行聖經
譯以國字、此將欲敷其教於國中也、況其人固聰明
非若北狄南蠻、不可得而教誨之類、不久義道其將
行於彼與、君子道長則異端必消、自然之數也、我若
今日啓耶蘇數十年之後、得無如浮屠滅於印度而
獨遺害於我國乎哉、在上君子其可不再思焉乎、

物皆惡則六極盡鍾或善或惡爰為中人此世之所
以多中人也、何謂六物歲時日月星辰是已故所謂
靈者與肉身偕生、其從齒而增、猶肉身逐年而長、非
父母先與肉身然後耶和華人人而授之靈也昔聖
王之御世也、仲春之月、先雷三日、道人振木鐸以令
兆民曰雷將發聲有不戒其容止者生子不備必有
凶災然則人之不具有凶災風雷非常之變亦能為
之不獨六物也其獨言不具與凶災者其智愚賢不
肖學之與習可以移之、而禍福吉凶亦其所自取君
子安命壽夭不貳脩身以俟天命教之道也其論人

一、地球、本無自光受日光以為光、其所以能參成男
女者何也、日鏡亦無光、軌以暎日、可以照屋梁謂之
非日輝則不可、月之照地、亦猶如鏡之照屋梁耳、月
以地球為心、以二十九日有竒、一周其外、乃天之所
以衛地也、故能感其陰類、互物之肉、隨月盈虧、而潮
汐進退従其出没、是其明證也、婦人亦陰類也、故其
經水月必一行、而其受胎歲只四月月只三日、以其
齒與經行淨後為之度則月之能參成男女、亦何疑
焉哉、至其壽夫美醜、禍福吉凶智愚賢不肖之殊、則
六物為之當父母流氣之時、六物皆善、五福咸備、六

為女男女既判、各相配以蕃其類、物皆然、人何獨不

然、其所以生為男女則聖人當於大易一言之曰乾

天也、故稱子父坤地也、故稱子母震一索而得男故

謂之長男巽一索而得女、故謂之長女坎再索而得

男故謂之中男離再索而得女、故謂之中女艮三索

而得男、故謂之少男兌三索而得女、故謂之少女其

於人也、以父母齒及受胎之月、為三爻、純陽純陰則

勿論耳、一奇二偶則得男、一偶二奇則得女、其當男

而得女、當女而得男者是謂天人之變必不能成長

或三歲或六歲未有能過十二歲者、天之數也、月亦

然耶蘇徒鑿鑿言之我民或惑之其禍有不可測者
焉我且憶說之夫地與五星皆以太陽為心日夜運
轉於虛空中各有其度地則日轉一度三百六十有
六轉乃能一周太陽是為一歲歲有四時十有二月二
十四節七十二候皆以太陽遠近為之名萬物以生
以長以成以收其氣所不及地不能生物萬古一定
未嘗變其度然則地球者太陽為之主既為之主而
能榮枯盛衰其所生之物則謂大陽造成地球亦可
其於五星亦當然耳積灰生蠅齊水產鱗以此推之
生民之初蓋亦氣化耳其稟陽氣者為男稟陰氣者

要質穎頊受之乃命南正重司天以屬神命火正黎

司地以屬民以絕地天之通於是人紀始以建矣及

堯舜氏興叙有典秩有禮命有德討有罪威之以五

刑勤之以九德自時其後聖人代興禮樂制度窮極

其盛孔子序書斷自唐虞以其不可為教也故治天

下之道莫備於漢土焉西土遠漢未聞聖人之道而

亦無可以易耶和華者且西人明於天文晰於地理

若夫妄誕必有能辯之者矣智者恐革之激其變黠

者欲藉以拓其境是以未能變曠古之習焉耳然則

天地民生之初果如何也曰聖人所不語我不敢知

如摩西者、欲假此以拓其境、民心既蠱、必將倒戈以

攻後則其禍有不可勝言者焉、今海外通親、萬無有

此事、然人與世移、勢與時變、備預不虞有國者之大

戒也、故謂耶穌可開者、將使天下驟然者也、將殲我

民者也、將使我君父不得一日安其位者也、

　辯妄五

曠古草昧、聖人之道未明、而人之好智喜怪、必欲知

天地生民之初、是以皇國有神人產國之說、漢土有

錬石補天地之言、不獨耶和華造天地也、當火暉氏

之哀民、神雜糅、不可方物、夫人作享、家為巫史、無有

以為耶穌死為增天上之榮也、可不慎乎、我聞奉其
教者西洋既岐新舊而二之、米利堅則分為二十五、
彼此相軋、毫不假惜、以他故革者、乞和則聽之、以教
搆兵、不肯復納其降、必殲其類而止、夫所謂教者將
以治其民而平天下也、今也爭教相殺、至以殲其類、
何以教為、且彼同宗耶穌、其所爭盖分毫之差耳、然
猶相殺、而不相假借、浮屠即彼所謂像教、其所欲盡
力攻擊以必滅之也、而我又有神道者流、其力雖微、
亦皆以奉鬼神為教、三者並立、斯民之爭豈有窮已
乎哉、然此猶語其害於內者而已、不幸海外有奸雄

絕之其情未易遽奪、即斷然行之、得無天下為之驅

然乎、晚近之俗、厭常而喜奇、日甚一日、況暗於理而

怵於禍福民之情也、故其言愈淺惑之愈深耶、蘇之

以不朽之財、而不奉其教者畏之以不滅之火、好利

言、膚淺主利民畏死、誘之以不死之榮、民喜富勤之

之徒或為其所眩惑、轉輾相牽、倏忽成黨、必將欲攻擊

拜他神者、使之歸己、出死力而爭之、其患甚於奉浮

屠者防耶蘇若知其害而中禁之、彼必悍然、與上戰

得其所欲、為而止、徒時夭草之賊、即其明驗也、故一

開其教、雖欲悔之、非盡戮其徒不可得、而禁何則彼

教、

神祖而下、

聖君賢佐忠臣烈士之廟、不得不盡毀之而下至士

庶亦不得祭其祖禰此豈我忠厚之俗所能忍為哉、

曾子曰、慎終追遠民德歸於厚矣、聖人事死如事生、

豈必問其享與不享哉、所以盡吾誠而導民於厚也、

今也君父死則絕之視猶禽獸而獨求己在天之榮、

是專以利導民也、無乃我忠厚之俗化而為魑魅乎、

浮屠之行於我千餘年、民各奉其所信、雖嚴禁而痛

重死後之福、天堂以誘之、地獄以恐之、耶蘇與浮屠
同其不同者耶蘇獨不說輪迴而已、佛之行於我久
矣、何必防耶蘇是顓蒙者之見已、浮屠雖與耶蘇相
類、其間自有輕重厚薄之殊、浮屠曰、棄恩入無為、眞
實報恩者、耶蘇則直以君父為假矣、浮屠為君父修
冥福、猶有追遠之意、耶蘇則死即絕之不敢復祀、視
之如犬馬然、浮屠久行於我、今亦知奉世法、耶蘇則
傲然自尊、不敢屈膝於王公、然是皆未足為
人主辯、我所懼、獨在其敗俗與釀亂耳、耶和華自稱
嫉妬之神、不許其徒拜他神、耶蘇益嚴其法誓欲滅

之於一室之內、母必攜其肉、出於室外、爾亦母折其
一骨、耶穌之就戮與二盜同釘於十字架其明日為
踰越節、吏命速收其屍二盜未死乃折其足骨耶穌
既死、故不折其骨、遂引耶和華母折骨之言、以為預
言耶穌代衆贖罪之事、然耶和華所云其肉其骨謂
踰越節之羔耳、若以為不折耶穌骨之證、則誰又食
其肉於室內也、孟子曰、遁辭知其所窮、我於耶穌徒
乎見之矣、

辨妄四

衒奇幻以蠱人心、甲君父而尊其神、輕生前之道而

何所著足、天之不須肉身亦明矣、故耶蘇之將死也、
大聲喊曰、父乎、兒扡靈魂交父、何曾言交肉身也、假
令耶蘇欲且蘇肉身以顯其神、宜廣與世人相接、使
之益信其教、而獨與其徒及所善諸老婆語、世人固
不得不疑其誕、何耶蘇之不通人情也、此皆掩耳盜
鈴之類、欲厳益露、耶蘇死三日、土人見其冢發而無
屍、以為其徒盜之者、蓋得其實也、耶蘇既戮死、推其
徒之情、必恐世人輕其教、於是唱流血贖罪之説、竊
取其屍、稱為復生、猶恐人不信之也、又引豫言而證
之、初耶和華之諭彝倫以踰越節之例也、曰爾必食

其地者亦忌之、此其所以釘於十字架也、耶穌若欲
殺身以贖罪、臨將刑之夕、當坦然無所憂憫而心為
之忡忡終夕不能寐、喚起其徒強與之語、況其死成
於猶太利三十兩銀而賣之、非耶穌自就之也、耶穌
不知猶太將賣已擇之克十二使徒之數、其不智甚
矣、又焉知流已血之可以贖眾罪哉、至既死而復蘇
與其徒相見、顯與其所曾說相戾夫耶穌所云永生
不死者、特謂其靈耳若肉身則一壞不可得而復耶
蘇以此誘其徒而獨自蘇其身豈非貴肉身以賤其
靈邪且耶穌將昇天、天也者空而已、即能蘇肉身將

辯妄三

耶穌流血、以贖世人之罪既刑、三日復蘇、白日昇天、
此亦其徒捏造之言耳、當耶穌之時、南有浮屠、北有
喇嘛、皆製偶像以神事之其教甚盛耶穌年少氣銳
以活神壓之欲一埽二教以歸已觀其書所載皆與
二氏爭競之事故其言曰我之來也、非致平乃與戎
耳、又唱受苦增榮之說以固其徒之心相助以排之、
持之堅辯之疾、是以二教之徒憎之如鬼蜮而其徒
又過尊耶穌陰稱之為王、或欲遂推之以為王、故王

言而目聽、肉身既壞、物無所接、則五欲七情固無所
動也、而述其教者猶強説之曰、夢有苦樂、則靈亦必
有苦樂矣、不知夢之所感亦因肉身而發、世未有夢
首行而足蹈者、何則肉身所必無、夢亦不至也、然則
情欲因肉身而動、苦樂從情欲而生、靈既與肉身離、
則其無苦樂亦明矣、雖則耶蘇不能誣靈以情欲故
亦曰、由死之復生者則不娶不嫁、飲食男女人之大
欲存焉、靈既不娶不嫁、則亦必不飲不食、何有於其
餘哉、然則不敢之冠、我亦何榮、不滅之火我亦何畏
耶蘇果天主之子、能福佑已者而禍愛其君父過於

之益大、以此導民、無後所景憚、凡可以利己者、何
事不為、是以奉其教者寧背君父、不敢違耶蘇之教、
寧害肉身百年之命、不敢失天上無窮之榮、蠱惑至
此、刑罰不足以威之、爵祿不足以勸之、為之君父者、
不亦難乎、孔子曰未知生、焉知死、夫死者聖人所不
敢賀言、而賢者亦不知也、而耶蘇鑿鑿言之、如説曾
游之地、假令其言信、其所言永生不死者非獨謂靈
邪、靈之知覺主於肉身、故口之於味、目之於色耳之
於聲、鼻之於臭、四體之於安逸物先與之接、而後靈
始能知之、耶蘇雖以肉身為冥頑無知者、亦未能耳

道、國君有不信己者、稱之為敵、必欲克之、以令服從
於己、而離視稅吏、與盜賊同、溯其源、則是難視其君
也、盖彼自稱為天主之子、則天下無尊於己者、其蔑
視人主固宜、故其徒士北拉魯荅諭己拜王者曰我
不知地下王與神、唯崇拜在天上帝、我以大道所積
之金輸稅與王(尊)之為主、而不向之屈滕、是以輸稅
為主為己施恩於君也、鳴呼聖人以忠孝立教當道
之不行也、猶有弒君與父者焉、令也以君父為假別
有真君真父尊於君父者、以耶蘇之故獲罪於假君
父真君父深愛之、為之增天上之榮、其受罪益其榮

道也、故其設教也、使人疏其父女疏其母、婦疏其姑

然知骨肉之愛不可得而絕也、又粗以愛父母立説

而恐其愛之過於愛己、乃又曰愛父母過於我不宜

乎我愛其子女過於我、不宜乎我耶穌方與衆語、其

母與兄弟立於外、欲與之語或告之、耶穌曰、何者為

我母、何者為我兄弟盖欲示其徒以至公而不知自

陷於悖逆也、其徒有父死者請往葬之耶穌不許曰

爾從我任夫死者葬其死者言父與葬父者同期於

盡、爾從我則其靈永不死也、至君人者則耻然邈視

之、未嘗説所以事之之道不唯未嘗説所以事之

緦麻以至無服之親、皆親之愛之、推忠以擴之、自卿

士大夫以至府史胥徒、皆敬之貴之、猶以為未足也

又推之以至四海凡橫目之民、與我同類者、莫不撫

恤焉、而後人各得其所、而天下平、故生民之道唯忠

孝為大矣、獨太國有耶穌基督者、祖述耶和華之教

以君父為假、其真君真父則在天、耶和華是已、而已

即其愛子、天主特降己以救世、故愛己即愛天主、而

天主賜之不死之榮不弊之冠矣、何以謂君父假也

父母能與我肉身、而不能與我靈君能死生我肉身、

而不能死生我靈肉身假也、靈真也、尊真卑假、天之

浩水、一以海潮、及摩西滅敵國又命之盡戮其民其

好殺孰大於此哉、通考其書、蓋挪亞者始事夫神其

敷行之則綱於亞伯拉罕、而成於摩西摩西姦雄張

皇耶和華威福、以蠱惑民心、然後以兵加之、敵國未

可擊則曰、耶和華不許見其可秉則曰、耶和華導之、

偃然思拓其境是以其書未嘗及他族而其所記之

地、止於亞西亞阿非利加邊隅之堺是其明證也、

辨妄二

人之立於世也、父生之君牧之二者之恩莫大焉、聖

人立所以報之之道曰忠曰孝推孝以擴之自齊功

我道之一端、然彼能言之、而已其所必行、則在罪拜
他神與事偶像、與不信己者、故亞倫作金牛而肴之、
則罰之、鄰國事他神則滅之、哥喇輩逆己、使□委之、
以色列之二女不嫁姊妹相謀、醉其父代與□之同寢、
其既寡之媳帽面偽妓、以與舅淫、皆公然産子其可
醜其於禽獸而未嘗罰之、是縱淫且許慢父母也、摩
西之出埃及也、使之掠其金銀器皿、是誨盜也、其導
摩西滅鄰國也、使國人獻其所掠五十分之一、及其
初出之子與畜、而其子與羔、則以金贖遂之、是不唯
不戒貪己、先自貪以導之、也淹殺其所憎者二、一以

能及不可欺以非其道邪及導約瑟子摩西出埃及
欲施奇約以揚己名於普天下故剛愎法老之心使
之不肯釋其出境九變其術以困埃及之民益出益
帝及然家殺一人以及諸畜以色列族既出矣後使
法老追之淹殺其衆於紅海中耶和華能剛愎法老
之心亦必能和順其心何不使之禮遣以色列族以
全其交必困苦其民終之以虐殺也夫施幻術以攫
大利者人猶憎之況欲殺數萬之衆以揚己名於普
天下後所謂魔鬼之虐恐亦不至此而謂天地造物
之主為之邪獨十戒中敬父母與戒殺貪盜淫蓋得

之糧、及宇內盡饑、皆糴穀於埃及、約瑟能知七年之

饑則耶和華亦必能知之耶和華推安息日之例當

以第七年為安息年不許民勤其業、或恐無所食乃

曰、我於第六年、為爾生三年食、是宇內之豐凶在其

心也、彼既為天地圭宰則宇內之民皆其民也、何不

變饑為豐以救之必使之竭其所有之財物以就約

瑟糴米、使約瑟成其名也、且埃及者、亞非利加東北

一隅之地而已、雖貯七年之穀安能救宇內七年之

饑哉其不足信亦明矣、唯其不足信也、故雖奉其教

者亦不肯以第七年為安息年而廢其業非以智所

玄孫擧西、数顯見於其前與之語甚詳、亞伯拉罕初
名亞伯蘭孫以色列初名雅各、皆命改今名以色列
不愛嫡妻利亞、而愛其妹拉結耶和華命改其名、又
後又眷念拉結聽其懷孕耶和華六日能造天地萬
物何其大乎今也為其所愛顯見其形命改其名、
調停其夫婦、令妳妹無怨嚛然如細民扵家人抑
又何小也、以色列子約瑟為諸兄所忌耶和華乃與
之偕往埃及、及其王法老夢七美牛與七弱穗使約
瑟圓之、約瑟曰、七豊年之後、必有七饑年、王以為神
擧以為相、乃於七豊年中征五分之一、以充七饑年

蓋其地卑下、又挾於印度埃及兩大河之間、而洪水
之時、智寶未開是以衆民不免溺死獨挪亞其家稍
富作巨舟以運財貨洪水偶至、乃衆之以免其患後
人欲假耶和華以威其民捏造妄語以神其事耳何
以知其為捏造也耶和華觀民建邑與塔恐其相誘
以趨奢侈不可得而制乃淆其口音使言語不通夫
天之置民限之以大海隔之以高山民居其間者各
安其土而習其俗其異言語猶其異風俗豈待耶和
華淆之哉其書所說皆此類若盡辨之踰月未可竭
也耶和華既愛挪亞延及九世孫亞伯拉罕以至其

垂仁天皇三十年、爲漢平帝元始元年、據漢史而上
推之、至唐堯洪水之時、亦約略二千二百年、挪亞子
孫、處亞西亞極西之境、其地與漢土隔蔥嶺、即廢河
與江河同出於蔥嶺、其經其東以入于南海猶江河
經漢土以入于東海然則其言洪水者蓋與堯時同、
其言信也、高於天下高山十五尺者虛也、堯典曰湯
湯洪水方割蕩蕩懷山襄陵孟子述之乃曰下者爲
巢、高者爲營窟夫水高於天下高山十五尺地球皆
爲海矣漢土之人安獨得爲巢窟而避其患哉然則
所謂天下者、亦不過埃及紅海猶太彈丸之地而已、

滅矣水既退、乃許挪亞三子散處於天下、甚盛耶和
華之暴也、雖世人罪惡貫盈、禾必盡為榮蹂其中必
有差善者焉、今不導之以其道又不分其罪之輕重
大小、出其不意卒然破大淵之隙盡淹殺之、幷及禽
獸、獨愛挪亞、使之預造舟以免其災、用心如此安在
其為天地主宰哉、而傲然自詡曰我不偏視人其誰
肯信之、禾氣下降、地氣上騰、雨於是乎降、視天蒼蒼
我又不知所謂大淵者在何處也、挪亞至耶蘇之父
約瑟五十一世、假令一世四十五年、約二千三百年、耶
蘇生於我

為無罪罰之、亦可以夏娃之罪、幷罰後世婦女、使之
産子是艱、何其寃也、凡有血氣者、皆有雌雄牝牡、各
相配以蕃其類、彼亦犯何罪、使其雌與牝受胎孕之
苦也、假令夏娃不食所禁之果、將終身不産子邪則
不免復聚摩土造人、何耶和華之不憚煩也、亞當至
挪亞十世、約二千年、耶和華見世人罪惡貫盈悔已
造之欲幷禽獸虫豸而盡滅之、而獨喜挪亞信已、預
命之造一舟長三百尺、挈其妻子及生物牝牡各一、
以登舟、既天破大淵之際、大雨四旬、晝夜、水高於天
下高山十有五尺、溢於地者百五十日、徧地生物盡

之主、夏娃為蛇所誘食其所禁之果、乃罰婦女以胎孕之苦、重加之以産子之難我聞神也者有靈而無形耶、和華六日能造天地萬物、神莫大焉、乃其形多麼、與人相像不亦奇乎其造亞當聚塵土以為之質、夏娃則拔亞當一脇以肉實之、是造人必須其材不造天地日月萬物又以何物為之材也、凡生物蛇知最狡則如不造之、何為又造蛇使之誘夏娃食其所禁之果也、蛇不能言、傳其學者、恐人不信、乃文飾之曰、魔鬼化蛇然據其書魔鬼肯偽徒之隨地獄者、當亞當之時、亦未有使徒也、如夏娃食所禁之果不

辨妄一

半丸子既老事間氣暢取西書而讀之既而投卷歎

曰甚矣西書之妄誕不經也其言膚淺本不足辯然

蟲之蚯為其所誑惑者至死不敢變是亂之本也

今也其害駸駸將及我則亦不可不辯焉乃攄其言

而條晰之其書曰有神曰耶和華先天地而生是造

天地日月星辰及兩間所有之群物六日而成乃以

第七日為安息日又聚塵土依已像造人其名曰亞

當既而又曰人獨處未善乃阿當酣寢之時取其一

脇實之以肉以為之妻其名曰夏娃是為天地萬物

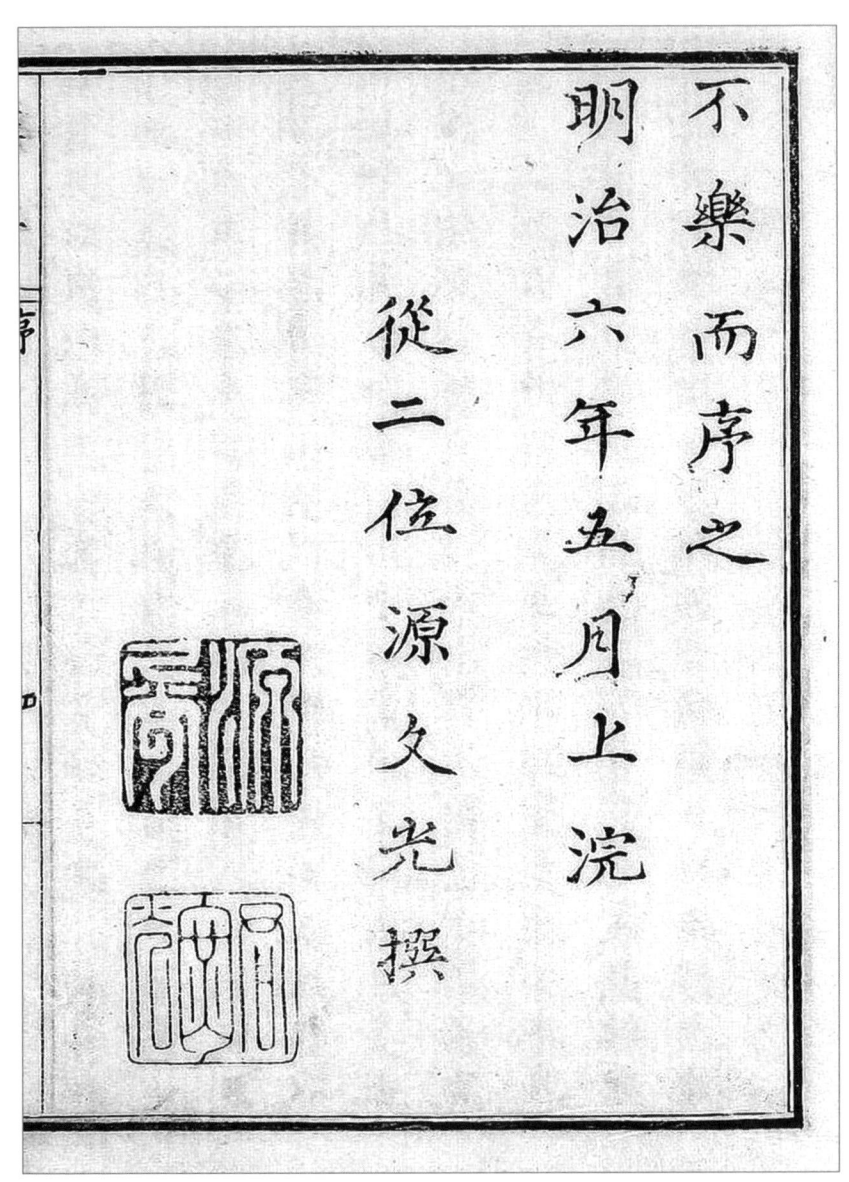

不樂而序之

明治六年五月上浣

從二位源文光撰

而其憂世距邪之志繾綣
不能自已猶如此此其心
與孟軻之距楊墨韓愈之
排佛老何異焉而其功蓋
亦不在其下矣余雖不交
亦與安井氏同憂者安得

攻擊鑿々中竅使讀者心

服首肯是書之出吾知如

太陽出而群陰散足以奪

彼徒之氣而祛我民之惑

豈不美哉豈不快哉安井

氏今之老儒旣絶意仕途

道息父子情絶禍乱何所
不至然則辯之不可不早
辯也曰南安井氏有憂於
此著辯妄一篇以辯耶蘇
之妄誕不經乃遠寄一本
以請序余受而閱之辯駁

天卽理而已矣子之拜親
臣之拜君是卽理也從理
則吉逆理則凶天之報施
於人而不爽者也今臣子
而拜天置君父於無有歆
以求福是誣天也夫君臣

不足辨然其言甘美尤易

惑人苟以為不足辨而不

辨之則彼徒益煽動其氣

燄盡誘天下之民而帰之

其勢將不可撲滅矣夫耶

蘇教者以拜上天為其道

辨妄序

我邦服西洋百工技藝之

靈巧者必併信耶蘇教或

乃歆慕其教於國中是大

患也夫耶蘇教之妄誕固

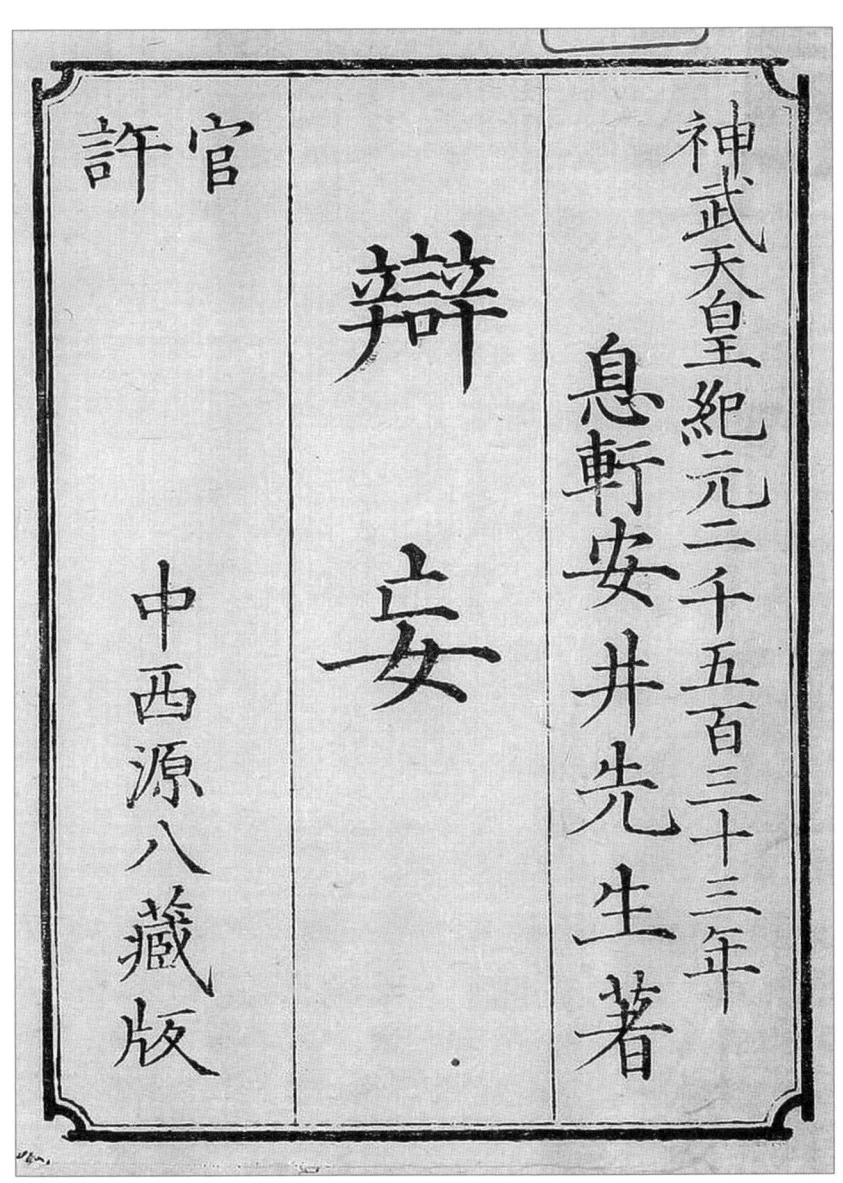

神武天皇紀元二千五百三十三年

息軒安井先生著

官許

辯妄

中西源八藏版